世界音乐家传记丛书

威尔第

Verdi

〔英〕彼得·索斯维尔－桑德 著

孔令云 译

江苏人民出版社

图书在版编目（CIP）数据

威尔第 / (英) 彼得·索斯维尔-桑德著；孔令云译
. -- 南京：江苏人民出版社，2021.12
（世界音乐家传记丛书）
书名原文：Verdi
ISBN 978-7-214-26268-4

Ⅰ.①威… Ⅱ.①彼… ②孔… Ⅲ.①威尔第(
Verdi, Giuseppe 1813-1901) – 传记 Ⅳ.①K835.465.76

中国版本图书馆CIP数据核字(2021)第159008号

Verdi:Illustrated Lives of the Great Composers by Peter Southwell-Sander
First published by Midas Books in 1978.
This edition published in 1986 by Omnibus Press, a division of Book Sales Limited.
Simplified Chinese translation reprinted by arrangement with Omnibus Press. For
distribution in PR China only.
Simplified Chinese translation copyright © 2021 by Jiangsu People's Publishing House.
All rights reserved.

江苏省版权局著作权合同登记：图字10-2016-127号

书　　名　威尔第
著　　者　［英］彼得·索斯维尔-桑德
译　　者　孔令云
责任编辑　李晓爽
封面设计　陶霏霏
封面制作　陈　婕
责任监制　王　娟
出版发行　江苏人民出版社
地　　址　南京市湖南路1号A楼，邮编：210009
照　　排　江苏凤凰制版有限公司
印　　刷　苏州市越洋印刷有限公司
开　　本　787 毫米×1092 毫米　1/32
印　　张　10.75　插页5
字　　数　133千字
版　　次　2021年12月第1版
印　　次　2021年12月第1次印刷
标准书号　ISBN 978-7-214-26268-4
定　　价　48.00元

献给我的母亲杰基，以及已故的父亲杰夫，是父亲教我去分享对歌剧的热爱

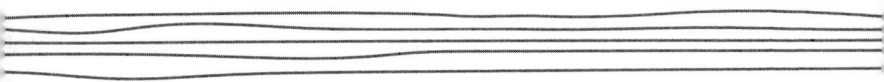

Contents 目录

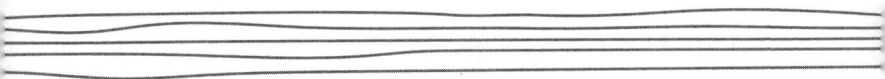

Acknowledgements

Acknowledgements

致

谢

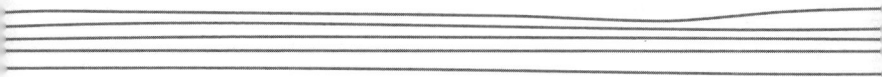

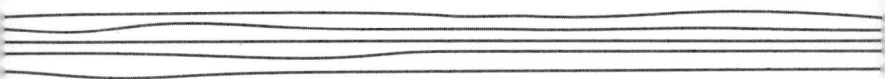

首先，我要感谢朱利安·布登（Julian Budden）先生，他一贯谦和有礼、慷慨大度，允许我使用他最优秀的一部威尔第研究著作——《威尔第歌剧》（*The Opera of Verdi*）的第二卷和第三卷（尚未出版）的手稿。他还通读了我的手稿，提出了许多宝贵有益的建议。因此，本书如果还有某些错误或不足的话，那都是我个人的问题。感谢杰兰特·埃文斯（Geraint Evans）爵士，他如此热心地为本书作序；感谢佩吉·埃伦（Peggy Aylen）对我的鼓励，是她推动我写了这本书；感谢我的妻子维姬（Vicky）对我的耐心和宽容，正是由于她，这本书才得以最终完成。

003

本书列举的参考书目不包括许多有关历史、社会和文化背景的书籍，但在此要特别提到乔治·马丁（George Martin）的《红衫军》（*The Red Shirt*）（伦敦，1970年版）和《萨伏伊十字架》（*The Cross of Savoy*）；参考书目也不包括期刊文章，但以下几篇文章令我受益匪浅：

1. Julian Budden（朱利安·布登）. 'The Two Traviatas'（《两个茶花女》）, *Proceedings of the RMA*, Vol.99（《军事革命论文集（第99卷）》）(1972—1973)

2. Philip Gosset（菲利普·戈塞特）. 'Verdi, Ghislanzoni and Aida'（《威尔第、吉斯兰佐尼和阿依达》）, *Critical Inquiry,* Vol.1 No 2（《批判调查》第1卷第2期）(Chicago 1974)

3.Mary Jane Matz（玛丽·简·马茨）. 'The Verdi Family of Sant' Agata and Roncole'（《圣阿加塔和朗科尔的威尔第之家》）, *Atti del Lo Congresso Internazionale di studi Verdiani*（《第二届国际威尔第研究大会会议纪要》）(Parma 1969)

4. Andrew Porter（安德鲁·波特）. 'Don't Blame Scribe'（《不要怪罪抄写员》）, *Opera News*（《歌

剧新闻》) (April 1975)

我还要感谢以下出版商和主编允许我引用他们出版物中的内容:

1. Cassell & Co., Ltd（伦敦卡塞尔公司）. ［Julian Budden（朱利安·布登）. *The Operas of Verdi*, Vol. I（《威尔第歌剧》［第1卷］）］

2. Victor Gollancz Ltd（维克托·高兰斯有限公司）. ［Charles Osborne（查尔斯·奥斯本）.*Letters of Giuseppe Verdi*（《朱塞佩·威尔第书信集》）］

书中插图大多来自印刷和版画的原件或私人收藏。感谢下列机构允许我影印作品:

005

1. 大英博物馆, 伦敦

2. 斯卡拉博物馆"音乐家之家", 米兰

3. 玛丽·埃文斯摄影作品馆, 伦敦里科迪出版公司, 米兰

4. 威尔第的阿加塔别墅

A.O.于沃德·赫斯特

1977年9月

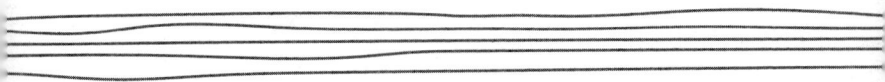

前

言

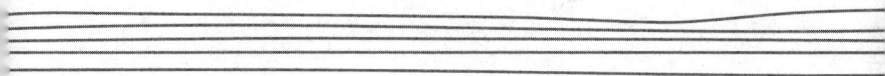

威尔第（乔瓦尼·博尔迪尼1886年绘）

这部研究朱塞佩·威尔第生平和时代的作品将会受到所有音乐爱好者的欢迎。他们因歌剧院、广播和电视节目以及留声机唱片中演奏的威尔第作品，对威尔第产生了极大的喜爱。威尔第的部分作品，尤其是《弄臣》《游吟诗人》《茶花女》《阿依达》和《奥赛罗》，是世界上最著名和最受欢迎的音乐剧。除此以外，越来越多的威尔第歌剧被收录在保留剧目中，被制成唱片发行，这让我们意识到他的那些不太为人所知的作品中蕴藏着的巨大财富。

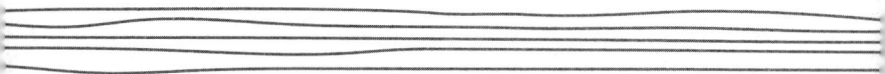

第
一
章

童年和少年时代

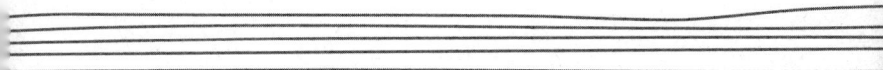

威尔第出生地的照片

威尔第在兰科尔教堂的洗礼登记

艺术属于全世界……但它又来自个人的创造。

——威尔第

《游吟诗人》（*Il trovatore*）和《茶花女》（*La traviata*）在意大利首演5年后，被派往印度报道1857年兵变的《泰晤士报》记者W.H.拉塞尔走访了西姆拉和其他山区车站，英国公务员家庭会在那一带避暑。拉塞尔发现英国人住的平房的门上会刻着表达思乡之情的名字，比如"拉伯纳姆小屋""未来""榆树"。歌声和着钢琴的伴奏声飘出敞开的窗户，向人诉说茶花女正漫步在这里的故事。除此以外，你会在每个乐谱架上找到《游吟诗人》的乐谱。这足以说明威尔第最成功的两部歌剧的魅力所在。

　　然而，英国学者和评论家对威尔第音乐的反应却相当冷淡。19世纪的上半期，他们只一致地认可了《奥赛罗》（*Otello*）和《法斯塔夫》（*Falstaff*），并勉强地承认仅有四五部或更多的歌剧演出可能盈利。"歌剧观众大多不懂音乐的。"休伯特·帕里（Hubert Parry）自以为是地宣布。实际上，帕里和整个英国音乐界都认为，从罗西尼到普契尼的意大利音乐与德国主流音乐，尤其是德国歌剧相比，只是一潭死水。

　　这与17世纪和18世纪的情况形成了鲜明的对比，那时的意大利音乐风靡一时。莫扎特和海顿对此深有体会。由于欧洲的宫廷都想要一个意大利的指挥，因此，他们很难获得音乐总监的职位。他们还被要求写"意大利"歌剧，并且都觉得意大利之旅是他们音乐教育的重要组成部分。尽管海顿和贝多芬一样，从未实现过这一抱负。

　　到了威尔第时代，意大利音乐已经不再声名显赫。为了获得全世界的认可，威尔第不得不从乡下人默默无闻的地方传统做起，虽然现在看来，这些名誉实至名归。威尔第是意大利第二伟大的音乐大师，因为他的音乐不仅在意大利人民的灵魂深处唤起了深深的共鸣，还表达了意大利复兴运动（争取自由和统一的意大利）的渴望。诚然，威尔第对意大利音乐和历史有着极其深远的影响，然而，他和他的音乐更属于全人类。1913年是威尔第诞辰的100周年，也是他离世后的第12年，伊塔洛·皮奇（Italo Pizzi）写道：

朱塞佩·威尔第的声誉是意大利乃至全世界的一部分。人们评价他，如同曼佐尼评价荷马："他只知道天空是他的家园。"

这位"意大利歌剧大师"的一生开始于一个穷苦偏僻的地方——意大利北部朗科尔村庄的一家简陋酒馆。酒馆的地板和天花板都由粗糙的木材做成，长长的斜屋顶在酒馆一边围了一个马厩，紧闭的窗户外是帕尔马平坦而沉闷的平原。直到如今，这家小酒馆依然存在，由意大利政府作为国家级纪念物进行维护。

　　早期的传记作家认为威尔第的父母都是目不识丁的
农民，这种说法出自威尔第本人之口。"我出生在一个
穷苦的村庄，很难学到任何的东西。他们把一个可怜的
线轴放在我的手里，过了一会儿，我开始作曲……一个
音符接着一个音符……"事实上，威尔第的父母来自小
地主、旅店老板和杂货商的家庭。严格说来，他们不是
农民。最近的研究表明，威尔第的父亲卡尔洛曾在朗科
尔担任了15年的圣米歇尔·阿开朗基罗的财政部长，因
此不可能是文盲。卡尔洛的父亲，威尔第的祖父，从祖
辈六代居住过的圣阿加塔搬到了朗科尔。1785年，卡尔
洛出生，后来经营"奥斯特里亚村"（一家小酒馆）。

　　1805年1月3日，卡尔洛与皮亚琴察的一个酒店老板
的女儿——露易琪娅·乌蒂尼结婚。他们的儿子，朱
塞佩·弗尔图纳托·弗朗西斯科·威尔第在1813年10
月10日出生。1813年是文学史上重要的一年，它见证了
简·奥斯丁的《傲慢与偏见》（*Pride and Prejudice*）和

布塞托的一座小城堡（波提尼绘）

雪莱的《麦布女王》（*Queen Mab*）出版；除此以外，
这一年还见证了舒伯特（Schubert）《第一交响曲》，
以及贝多芬《第七交响曲》在维也纳的首次演出；罗
西尼（Rossini）的《唐克雷蒂》（*Tancredi*）和《意大
利女郎在阿尔及尔》（*L'Italiana in Algeri*）首次成功；
这一年预示了巨大的社会变革即将来临——斯蒂芬森在
1814年使用了第一台有效的蒸汽机车，1820年出现了第
一艘铁蒸汽船和跨大西洋蒸汽船。

威尔第在出生后的第二天，在教区教堂里接受了洗

礼，他的名字在拉丁语中有记载。母亲错把9号当作他的生日，因此，威尔第总是在9号那天庆祝，即使他在63岁时知道了真相后也依然如此。由于拿破仑军队在世纪之交占领了意大利北部，卡尔洛·威尔第不得不步行到邻近的布塞托镇，用法语给孩子登记户口。

威尔第未满1岁时，拿破仑在枫丹白露退位，俄奥联军把法国人赶出了意大利。尽管坊间流传了有关威尔第的许多奇闻异事，甚至一些完全虚假的故事，但我们可以相信他的第二任妻子对朋友说的话。从中我们得知：威尔第本人相信这些故事属实。俄罗斯士兵穿过朗科尔，抢劫、强奸并杀害村民。威尔第兄妹俩和母亲躲在教堂的钟楼里，才逃过此劫。除了威尔第，卡尔洛和露易琪娅还有一个女儿朱西帕·弗朗西斯科，她因脑膜炎而智力迟钝。朱西帕比哥哥小2岁半，1833年在朗科尔去世，年仅17岁。

乡村教堂深深地影响了幼小的威尔第，然而，触动这个男孩的不是天主教信仰，而是音乐。他的最后一位

威尔第的小钢琴（米兰，斯卡拉剧院）

也是最伟大的编剧博伊托（Boito）曾这样评价他："他
像我们所有人一样，很早就失去了信仰。或许与我们
所有人不同的是，他为此抱憾终生。"威尔第的音乐
启蒙老师是村管风琴手皮埃特罗·贝斯特洛奇（Pietro
Baistrocchi）。很早，威尔第就显露出了他的音乐天
赋，父亲在他8岁时给他买了一架斯皮耐琴（没有他说
的那样"破旧"）。有一次，威尔第生气，砸坏了琴，
邻居斯泰方诺·卡瓦莱蒂无偿地把琴修好，说："能看到
小威尔第有演奏这种乐器的特殊才能，对我来说已经足

够了。"威尔第一直珍爱这件乐器,它现在被保存在斯卡拉歌剧院博物馆(La Scala Museum)。

牧师和村管风琴手去世后不久,父亲送10岁的朱塞佩去布塞托市立学校去学习,寄居在一位补鞋匠家中。每到星期天和宗教节日,威尔第都要步行3英里,回到朗科尔弹奏管风琴,薪水是每年36里拉。(13年后,他拒绝了蒙扎大教堂管风琴手的职位,薪水是当时的8倍。)在一个寒冷的圣诞节清晨,他掉进了路旁的一条深灌溉渠里,一个过路的农民把他从水里救了出来。

在布塞托,他非常幸运地遇见了向他父亲卖酒的商人安东尼奥·巴列兹(Antonio Barezzi)。巴列兹是一位狂热的业余长笛手,总是满怀热情地演奏长笛,并且可以同时演奏几种其他乐器。他创立了爱乐协会,通常在他位于这个沉睡小镇主街口广场上的家里进行排练和表演。巴列兹对这位崭露头角的作曲家产生了极大的兴趣,对他十分友好。那时,威尔第已经拜师费迪南多·普罗瓦西(Ferdinando Provesi),并要进行4年的学

玛格丽塔·巴列兹的肖像油画（莫西尼绘，米兰，斯卡拉歌剧院）

习。普罗瓦西是圣巴托罗梅奥大学教堂的唱诗班指挥和管风琴手，也是巴列兹爱乐协会的指挥。1829年，16岁的威尔第试图在附近的索拉尼亚找到一个管风琴手的职

米兰，港口大道（L. 切彬雕刻）

位，但没有成功。于是他一边代表普罗瓦西在布塞托担任管风琴手，一边继续在朗科尔演奏管风琴。

除此以外，威尔第还给低年级学生上课，为爱乐协会誊抄乐谱，指挥排练，在巴列兹的音乐聚会上弹奏钢琴，以及作曲。

1828年，一家来访的剧团要在布塞托剧院演出罗西尼的《塞维利亚的理发师》（*Il barbiere di Siviglia*），威尔第为其创作序曲，并大获成功。与此同时，他的合唱曲《索尔一世》（*I deliri di Saul*）广受好评。威尔第后来试图隐藏他早期的作品，因此只有部分作品被保存下来。

巴列兹俨然成了威尔第的父亲。1831年5月，威尔第搬离了自己的住所，住进了巴列兹的家中。这位商人有两个儿子和四个女儿，长女玛格丽塔曾在威尔第那儿学过唱歌和钢琴。两位年轻人坠入爱河后，巴列兹考虑到自己已经没有能力再教授威尔第，便决定让他的准女婿留在米兰继续学业。

卡尔洛·威尔第替他的儿子向布塞托慈善基金会申请了一笔补助金。布塞托慈善基金会是17世纪在布塞托成立的一家慈善机构，旨在帮助贫困儿童。威尔第的助学金要到1833年11月才发放，这意味着巴列兹必须赞助他第一年的学费。威尔第搬到了米兰后，和在布塞托教过他的皮坎特罗·塞莱蒂牧师的侄子住在一起。英国人塞缪尔·罗杰斯（Samuel Rogers）在他的《意大利游记（1814—1821）》［*Italian Journal（1814—1821）*］中描写了当时的米兰：

狭窄的街道，灰白的房子，阳台上的窗户映着女士们的身影，屋顶上竖立着开放的塔楼。教堂和宫殿里的雕像让我流连忘返。

然而，1836年访问米兰的安东尼奥·吉斯兰佐尼（Antonio Ghislanzoni）却不认同这种浪漫的描述。他看到的意大利是一座有宽阔的下水道穿过人行道，拥挤的后街住宅，酒鬼和小偷经常出没的肮脏街道，以及妓女遍布的城市。那里充满了贫穷和肮脏，甚至在大教堂附近的市中心，也能找到那些臭名昭著的房子：妓女通过门和窗户拉客。喊叫声、鞭子的噼啪声和从无数的屠宰场中传出的小牛和猪临死前的呻吟声和尖叫声不绝于耳。罗杰斯对大教堂的壁画——达芬奇的《最后的晚餐》很满意，吉斯兰佐尼却发现这座教堂已经变成了公共厕所和夜间黑市的中心。

6月，威尔第申请成为米兰音乐学院的一名付费生。在简短的考核后，他被拒绝了。对此，威尔第一

米兰大教堂是意大利经典的哥特式建筑（玛丽·埃文斯）

直耿耿于怀。多年后，音乐学院想以他的名字给学院重

新命名，被他断然拒绝，"年轻时，他们拒我于门外。

老了，我们也没有任何的瓜葛"。事实上，音乐学院拒

绝他的理由很充分。当时，学院已经人满为患；仅有

一架钢琴供所有的钢·琴生使用；在"伦巴第威尼斯"，

威尔第是个"外乡人"；他的年龄超过招生上限4岁；

"钢琴老师安格勒尼先生发现，威尔第需要改变他弹琴

的手型，但这对于18岁的威尔第而言，是一件很困难的

事情"。然而，主考人对他的音乐作品大加赞赏。教务
长说：

至于威尔第的原创曲目，我完全同意身为复调老师
和副教务长皮安塔尼达先生的看法。如果他（威尔第）
专心而耐心地研究复调的规则，能够控制与生俱来的真
实想象力的话，他将很有可能成为一位享誉盛名的作
曲家。

另一位主考人，斯卡拉歌剧院的指挥亚历山德
罗·罗拉（Alessandro Rolla）建议他："放弃所有关于
米兰音乐学院的想法吧，在城里选一名导师，要么拉威
尼亚（Lavigna），要么奈格里。"

于是，在接下来的3年里，威尔第师从斯卡拉歌剧
院的大师拉威尼亚。"和他在一起的3年里，我每天都
在学习经典曲目和赋格曲……没人教我管弦乐或戏剧
技巧。"巴列兹支付了威尔第的学费、车马费、食宿
费——所有费用加在一起是布塞托慈善协会捐助金额

亚历山德罗·罗拉（1757—1841）。1782—1802年间，他领导帕尔马管弦乐队，后去米兰的斯卡拉歌剧院，担任乐团指挥。1805年，他成为米兰音乐学院的作曲系教授。罗拉在帕尔马的时候，帕格尼尼——世界上最伟大的小提琴家之一——拜他为师

的4倍——除此以外，巴列兹还给他买了一张斯卡拉歌剧院的季票，外加一架斯皮耐琴（现收藏于斯卡拉博物馆）。

　　威尔第在米兰学习一年后，他的音乐启蒙老师普罗瓦西去世，留下两个空缺职位——教堂管风琴手和布塞托市音乐协会会长。因为没钱去参加普罗瓦西的葬礼（也没钱参加一个月后妹妹的葬礼），威尔第留在米兰学习。毋庸置疑，巴列兹和布塞托爱乐协会希望他承接

普罗瓦西的职位。然而，拉威尼亚明确表示威尔第还有一年的学业。与此同时，布塞托的教权派把巴列兹紧急提交的申请搁置一边，并任命当地一名唱诗班指挥为管风琴手候选人，此人名叫乔万尼·费拉里（Giovanni Ferrari）。不知何因，直到1834年，费拉里才走马上任。

一场激烈的地方争斗开始了：爱乐协会的成员闯入教堂，抢走乐谱，不让费拉里使用；两派在街上大吵大闹，互相讽刺，还有逮捕和起诉。威尔第在爱乐协会指挥音乐会时，费拉里在教堂演奏管风琴。最终，帕尔马政府确定由费拉里担任圣巴托勒密奥的管风琴手一职，然而，音乐协会会长人选必须通过比赛选出。为了防止双方的进一步暴力，皇家法令禁止在教堂里使用器乐。这项法令持续了17年，直到1852年被威尔第废除。

威尔第在这场争斗中交了好运，他加入到了米兰爱乐协会对海顿作品的排练中。有一次，三个指挥家同时缺席，导演皮埃特罗·马西尼请威尔第上前顶替。他是

米兰斯卡拉歌剧院［A.以哥拉尼画，1852年（米兰，斯卡拉博物馆）］

那么地镇定自若，以至于被委以在公开演出中担任指挥

的重任。公演格外地成功，在大公和米兰上流社会圈中

反复上演。

　　然而，威尔第对愈演愈烈的布塞托"音乐战争"厌

倦不已。他向拉威尼亚求助，申请蒙扎大教堂管风琴手

的职位，年薪近3000里拉（布塞托提供的年薪为657里

拉）。爱乐协会随即提醒威尔第从家乡得到的好处，甚

至威胁说，如果他试图离开，就要采取武力。他向拉威尼亚抱怨说：

如果我离开不会让我的恩人巴列兹被那群人敌视的话，我早就走了。他们的资助、责备和威胁丝毫不会影响到我。即使慈善协会给了我一些微薄的钱财，资助我在米兰的生活，但这笔钱买不走我的自尊和自由。反之，我完全有理由认为，它对我的资助不再是一件慷慨之举，而是一种卑鄙的行为。

费拉里决定退出遴选布塞托音乐协会会长的比赛时，威尔第正在帕尔马接受法庭风琴师朱塞佩·阿利诺维的考核。这位老人对22岁的威尔第说："你的知识相当渊博，足以让你在巴黎或伦敦成为音乐大师。我承认，你在几个小时内完成的事，我甚至花一整天都做不到。"

1836年4月，威尔第签约，担任布塞托音乐总监。同月，他与玛格丽塔订婚。5月4日，二人举行婚礼。玛格丽塔不被公众熟知，他们往来的情书也没有被保存下来。由于威尔第从不暴露他的隐私，使得许多有关他早期生活的传记都出于猜测。（然而，从1844年起，他保留了他与指挥家、出版商、作词家、经理等人的许多商业往来信件的副本，尽管这些信件并不完整。他的其他信件散落在意大利各地的博物馆和私人收藏家手中。）

在威尔第指挥海顿作品大获成功后［后来是罗西尼的《灰姑娘》（*La Cenerentola*）的演出］，玛吉尼建议他为米兰的演艺剧场写一部歌剧。1838年，他回

威尔第的岳父——安东尼奥·巴列兹（收藏于布塞托的巴列兹家中）

到布塞托担任音乐大师，直到1839年从那儿离开，他从未停止创作。毫无疑问，威尔第的首部作品是根据安东尼奥·皮埃扎（Antonio Piazza）的《罗切斯特》（Rocester）创作的歌剧，后因为该剧未能在帕尔马成功上演，他重写了其中的部分片段，并称之为《圣博尼法西奥的奥贝尔托》（Oberto，Conte di San Bonifacio）（又称《奥贝尔托》）。最近的一项发现证明了这一点，《奥贝尔托》第二幕中四重奏的签名乐谱上"罗切斯特"被划去。由于《罗切斯特》从未公开演出，现在已经无迹可寻了。虽然《奥贝尔托》没有如期在

米兰上演，但是两位著名的歌手——朱塞佩娜·斯特丽波妮（Giuseppina Strepponi）和乔治·朗孔尼（Giorgio Ronconi）非常欣赏它。他们成功地说服了米兰斯卡拉歌剧院经理莫列里（Merelli），保留了这部歌剧。1839年11月17日，《奥贝尔托》在米兰的首演一炮而红，由伊格纳齐奥·马里尼（Ignazio Marini）担任主角。莫列里与威尔第签订合同，在接下来的两年里威尔第要创作

出三部歌剧。

与此同时，玛格丽塔生下了维吉尼亚（Virginia）
和伊奇里奥（Icilio）。令人悲痛的是，在短短的14个月
内，2个婴儿相继去世，都刚满1岁。

福无双至，祸不单行。玛格丽塔随后也离开了人
世。1840年6月，安东尼奥在日记中写道："在米兰科珀
斯·克里斯蒂的午宴上，我心爱的女儿——玛格丽塔，死
于我的怀中。她可能患上了一种在医学上未知的可怕疾
病（事实上，是急性脑膜炎）。她正值花样年华、人生
得意之时，是青年才俊——威尔第的人生伴侣。"悲痛
欲绝的威尔第回到布塞托，请求与米兰解除合约，但被
对方拒绝。几个月后，威尔第回到米兰，"在巨大的悲
痛中创作出一部喜剧歌剧"。

短短两年内，威尔第丧妻失幼，这种打击之深令人
难以想象。多年后，他说他的家人是在3个月内接连离
世的，这虽不是实情，但充分说明那段丧亲之痛是一个
多么可怕且不可分割的悲剧，深深地铭刻在他的记忆

里。难怪，直到50年后，威尔第才动笔写他的第二部喜剧歌剧《法斯塔夫》。

1840年8月，威尔第创作的《一日之王》（*King for a day*）一上演，就遭到公众和评论家的诟病。费利斯·罗曼尼（Felice Romani）的剧本改编自波兰国王——斯坦尼斯拉斯·莱辛斯基的故事：莱辛斯基乔装成一名马车夫来到华沙，却碰上了一名假扮他的年轻法国军官。这个剧本本身有许多棘手的问题和明显

费利斯·罗曼尼（1780—1865）

的漏洞，是过于悲伤和心急的威尔第无法解决的。
音乐大都单调乏味，让人联想到罗西尼和多尼采蒂
（Donizetti），但其中不乏欢快和热情的片段，这或许
是它后来在那不勒斯和威尼斯获得成功的原因。

　　家庭的不幸和事业的失败接踵而至，令威尔第灰
心丧气。他后来回忆道："《一日之王》之所以不受欢
迎，部分原因是音乐过于单调，另外，表演也很失败。
我的内心深受家庭不幸的煎熬和事业失败的折磨。我
确信我在艺术中找不到任何的慰藉，因此决定放弃作
曲。"威尔第独自一人，心灰意冷地待在米兰的家中，
不愿再去思考音乐。

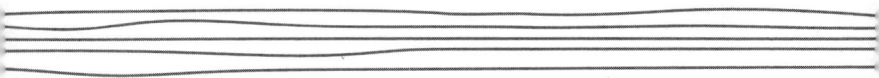

第
二
章

声名鹊起

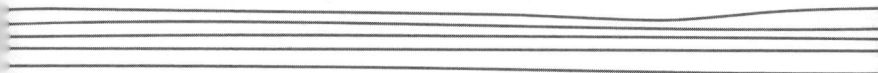

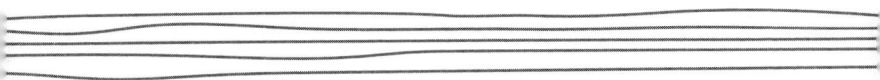

威尔第是我们当中唯一能写出法国大歌剧的作曲家。

　　　　　　　　　　　　　　　　　　——罗西尼

　　威尔第很有可能从此就销声匿迹。然而，他在一个冬日的傍晚偶遇莫列里成为他音乐生涯的转折点。那时，巴托洛梅奥·莫列里在剧院担任编剧，和朋友多尼采蒂一起创作。莫列里在十几岁的时候，就做了一名戏剧经纪人。贝里尼（Bellini）评价他"是一个臭名远播的骗子"；德国作曲家尼科莱（Nicolai）称之为"一个典型的意大利恶棍"。尽管莫列里的口碑不好，但他的事业蒸蒸日上。1836年，他不仅被任命为维也纳克恩腾托尔剧院的联合承租人，还被任命为

巴托洛梅奥·莫列里（1793—1879）（油画）

米兰斯卡拉剧院的经理。他对默默无闻的威尔第十分慷慨大方，和蔼友善。两人交谈时，莫列里没有对这位年轻的作曲家提到他还要创作两部新的歌剧，只是谈到了自己的困难。莫列里需要出一部新的歌剧，可是尼科莱不接受索莱拉的剧本，说："我不得不拒绝它，因我确信无休止的愤怒、流血、辱骂、殴打和谋杀不是我要的主题。"威尔第在1879年向朱利奥·里科迪（Giulio Ricordi）讲述了接下来发生的事情：

"想想看，"莫列里说，"索莱拉的剧本简直好极了！非常之出色！绝对不同凡响！紧张、热烈、宏伟、剧情曲折，诗句隽美！可是，那个固执的作曲家不听，说这是一个没有希望的剧本。我真不知道在哪儿可以很快地找到另一个剧本。"

莫列里把威尔第带到歌剧院，给了他索莱拉的剧本，请他带回家去读。

一路上（威尔第回忆道），我感到一种莫名的不安，一种深深的悲伤充斥着我的心。到家后，我把手稿用力地扔在桌子上，直挺挺地站在稿子前。手稿落在桌子上的那一刹那，摊开了。不知为何，我紧紧地盯着眼前的那一页，开始读了起来：飞翔吧，让思想乘着金色的翅膀。很快，我读完了后面的诗句，深受感动，因为这些诗句几乎都是《圣经》的释义，而阅读《圣经》总能让我内心愉悦。

我读了一段又一段。因为已经下定决心不再作曲，

1842年,《纳布科》时期的威尔第（特鲁基作）

就强迫自己合上册子，上床睡觉。但是这一切都无济于
事——《纳布科》（*Nabucco*）留在我的脑海中，挥之
不去。我辗转反侧，不能入眠，忍不住起来重读剧本，
不只是读了一遍，而是两三遍。到了早晨，我对索莱拉
的剧本已经烂熟于心了。

　　虽然威尔第仍然坚持说不再作曲，但是莫列里的计
策快要奏效了。第二天早上，威尔第把手稿送去剧院，
可是这位经理拒不接收。

"很美吧？"他对我说。

"的确很美！"

"好吧，那就给它谱曲吧！"

"我从来没想过。我不干。"

"谱吧！给它谱曲吧！"

他一边说着，一边拿起剧本，强行地把它塞进我的大衣口袋里，然后一把抓住我的肩膀，把我推出了房间，当着我的面把门锁上了。

至于他是马上动笔，还是耽延了几个月，威尔第的说法不一。可以肯定的是，他在1841年秋天向莫列里递交了乐谱，并提醒莫列里不要忘记他的承诺：如果新的歌剧能在演出季开始的前2个月出炉，那么他将上演这部歌剧。然而当时莫列里受著名作曲家们的委托，正全身心地制作另外三部歌剧，因此不敢冒险上演这位作曲新手的作品。《纳布科》只能等到下个春天了。米兰的街头张贴着斯卡拉歌剧院的海报，却没有《纳布科》的任何消息。

对于威尔第而言，资助人和好友以往的帮助可能大有裨益，甚至必不可缺；然而此时，28岁的威尔第唯一需要的是自我决心和自我信念。毫无疑问，他两者兼备。［例如，他把索莱拉锁禁在自己的房间里，不允许他出去，直到索莱拉换掉了一首他不满意的爱情二重唱。"因为它阻碍了剧情的发展，在我看来，它似乎在某种程度上削弱了该剧圣经般的波澜壮阔的气势。"性情火爆的索莱拉可不喜欢这样的待遇。他猛地坐了下去，不到一刻钟就写出了《撒迦利亚的预言》（*The Prophecy of Zaccaria*）。］重要的是，威尔第以同样的方式面对莫列里，给他写了一封措辞强硬的信件。可能是迫于歌手朱塞佩娜·斯特丽波妮和乔治·朗孔尼的压力，这位经理最终做出了让步，条件是使用现成的布景和服装以节省开支（它们在4年前类似主题的演出中使用过）。朱塞佩娜·斯特丽波妮和乔治·朗孔尼成为饰演阿比加耶和纳布科的第一人。新一期的斯卡拉歌剧院

手捧《纳布科》剧本的朱塞佩娜·斯特丽波妮（1815—1897）

海报发布了《纳布科多诺索》（*Nabuccodonosor*）的消息。（这个名字后被更简单的《纳布科》取代。）

1842年3月9日，《纳布科》首演大获全胜。"或许可以说，我的艺术生涯是从这部歌剧开始的！"观看首演的观众们热情洋溢，欢呼声不绝于耳："再来一次！第

斯卡拉歌剧院的内景（1842年3月9日，《纳布科》在斯卡拉歌剧院举行首演，拉普印刷）

三幕合唱的《飞翔吧，让思想乘着金色的翅膀》（*Fly, thought, on wings of gold*）！再来一次！"正是这一句曾在最初抓住了作曲家自己的想象。由于聚众呼喊通常演变成反奥地利的示威游行，因此不被法律允许。第三幕的合唱是整部歌剧的灵魂，旋律优美，曲调激昂，令人难忘。它使威尔第在一夜之间成了一位著名的作曲家。在他的音乐中，威尔第表达了意大利复兴运动的民族主义热情。

当犹太人在巴比伦王尼布甲尼撒（Nebuchadnezzar）
统治下遭受压迫，高唱对家园和自由的渴望时，米兰人
感同身受：

啊，我的亡国多么可爱！

啊，回忆是那么珍贵，却充满了厄运！

我的祖国啊，您如此可爱，却早已消失不在；

我心中对您的回忆如此珍贵，却又令我心碎。

米兰人对这首歌有强烈的共鸣并非因为他们被流放
他乡，而是因为他们渴望自己的祖国能在浴火中重生，
成为一个统一的国家。在19世纪，意大利由许多联邦国
组成，包括三个王国（撒丁岛、那不勒斯和西西里）、
三个古共和国（威尼斯、热那亚和卢卡）、教皇国和各
种公国。这些联邦国彼此依附，因为奥地利哈布斯堡王
朝在17世纪末取代了西班牙哈布斯堡王朝的海外统治。
后来，拿破仑帝国在1808年占领了整个意大利大陆。

当威尔第还在襁褓中的时候，法国人就被赶出了意

大利。1815年，公国和王国的数量有所减少，并且它们中的大多数也根据《维也纳条约》恢复了自治。与此同时，奥地利政府恢复了它在意大利大部分地区的统治。威尔第的故乡帕尔马由拿破仑的第二任妻子、奥地利皇帝的女儿玛丽·路易莎统治。意大利的许多民众曾对拿破仑统治下的意大利王国信心满满，认为它能够真正地实现民主和统一。令人失望的是，"法国事件"在意大利的土地上重演：无政府主义盛行、公正缺失；法国为了丰富卢浮宫的收藏，大肆掠夺意大利的文化宝藏；新共和国只是徒有其名……这一切助推了意大利人的自由运动。

由俄国、奥地利和普鲁士三国组成的神圣联盟决心以保守路线抵制在整个欧洲蔓延的革命运动。奥地利总理梅特涅公开地宣称，他将"熄灭意大利民众追求统一的精神和对宪法的理念"。威尔第的民族主义歌剧使意大利民众有机会公开表达他们的诉求。

由于法律禁止在其他场合举行大型公共集会，歌剧

拿破仑荣进米兰。拿破仑打败奥地利后，设米兰为1797年建立的奇萨尔皮尼共和国首都，后米兰成为意大利王国的首都（1805—1814）（玛丽·埃文斯雕刻）

院和咖啡馆成了意大利人的一个主要聚会场所。观众在演出的间歇谈论商业和政治。正如认为作为民族运动的"意大利复兴运动"已经感染到意大利所有民众的想法有失偏颇，忽视大多数的学者已经追随这个新"时代精神"的事实亦不正确。换句话说，他们是歌剧观众的主体。虽然威尔第同情民族自由运动，但是没有证据表明，他或索莱拉有意借着《纳布科》激起民众的民族主义热情。

出版商乔瓦尼·里科迪看到《纳布科》取得了如此辉煌的成就，便在乐谱的扉页上印刷了："沉浸于音乐之

威尔第的出版商乔瓦尼·里科迪（1785—1853）曾在米兰创办了一家出版社，直到如今，出版社仍保留他的名字，并先后被他的儿子蒂托·里科迪（1811—1888）和孙子朱利奥·里科迪（1840—1912）接管（比格罗尼雕刻）

050 中，将此剧恭敬地献给奥地利阿德莱德王朝中最宁静的

女公爵殿下。1842年3月31日，朱塞佩·威尔第献。"

乍一看，似乎有些奇怪，一部被视为象征意大利自由事

业的歌剧竟然献给执政的奥地利家庭成员。然而，值得

一提的是：首先，威尔第刚刚开始他的职业生涯，尚未

创作出他最具"颠覆性"的歌剧；其次，尽管公爵夫人

是奥地利皇帝的表妹，但她一生都生活在米兰，她的父

亲是那里最受欢迎的奥地利官员之一。威尔第将《纳布
科》献给公爵夫人被证明是明智之举。乐谱出版一个月
后，她嫁给了萨沃伊公爵——维托里奥·埃马努埃莱。
18年后，埃马努埃莱成了意大利的第一任国王。威尔第
在世期间，他的儿子和孙子先后继承了王位。

《纳布科》的辉煌成就为它的作曲者打开了机遇之
门，每个人都希望成为这位著名人物的朋友。他与诗人
卡瓦莱丽·安德里亚·玛菲及其妻子克拉丽娜结下了一

卡瓦莱丽·安德里亚·玛菲（1798—1885）的一张老照片

克拉丽娜·玛菲伯爵夫人（1814—1886）

段持久的友谊。克拉丽娜主办着米兰最高级的一个沙龙。沙龙一般在私人住所里举行，是社交人士的聚会场所。玛菲伯爵夫人的沙龙折射了她丈夫的文学品味和她本人的政治兴趣。她是意大利复兴运动的坚定支持者，"对人民有一种开放而炽热的情感"。每当她与男宾探讨政治时，她总能坚持自己的立场。50年来，玛菲伯爵夫人的沙龙一直是米兰交际圈的中心，直到如今，她的家中还悬挂着一个纪念挂匾。来自乡间村野的年轻作曲家威尔第在玛菲伯爵夫人家的沙龙里结识了意大利的许多重要人物，丰富了自己的阅历。

　　玛菲伯爵夫人比她的丈夫小16岁。1842年，威尔第初次见到他们时，克拉丽娜才28岁。然而，他们的婚姻并不幸福。安德里亚遵循威尼斯剧作家戈尔多尼的格言去生活："早晨做一会儿弥撒，下午来一点儿小赌，晚上近一点儿女色。"他的妻子与米兰某知名杂志编辑卡罗·滕卡的婚外情被米兰社交圈接受了，而安德里亚的婚外情和嗜赌却成了丑闻。安德里亚和克拉丽娜在1846年分道扬镳，威尔第见证了他们签订离婚协议，并继续和他们维持终身的友谊。他将安德里亚的三首歌曲收录在1845年出版的合集中。威尔第还请安德里亚帮助他创作《麦克白》（*Macbeth*）的脚本。后来，玛菲为威尔第的另一部歌剧《强盗》（*Masnadieri*）创作脚本。克拉丽娜是威尔第的红颜知己，威尔第常写信给她，倾诉他在艺术生涯中经历的种种磨难。

文森佐·贝里尼（1801—1835）

威尔第很快又融入了朱塞佩娜·阿皮亚尼家的沙

龙。阿皮亚尼夫人接连培养了三位杰出的意大利作曲

家：贝里尼、多尼采蒂和威尔第，她对音乐持有强烈的

个人见解。在她的住所里，贝里尼写出了《梦游女》

（La sonnambula），多尼采蒂完成了《夏莫尼的琳达》

（Linda di chamounix）。多尼采蒂在观看《纳布科》后

不久，离开米兰，前往博洛尼亚。（在旅途中，有人听

到他自言自语说："哦，《纳布科》！美哉！美哉！美
哉！"）多尼采蒂的离开让阿皮亚尼夫人觉得她可以毫
无顾忌地庇护威尔第，又不会冒犯到资深的多尼采蒂。
一度有谣言说上述作曲家中的某一位，或者全部都做了
阿皮亚尼夫人的情人。事实上，早期的传记作家把她和
另一位阿皮亚尼夫人混淆了，所以她比她真实的年龄小
得多。阿皮亚尼夫人是否是威尔第的情妇无据可考。

　　《纳布科》大获成功后，莫列里立即委托威尔第为
狂欢节创作歌剧。（民众总是格外关注这个传统节目，
能受邀创作是作曲家的荣幸。）《纳布科》让莫列里大
赚了一笔。在米兰，他拥有一整套豪华公寓，一栋富丽
堂皇的乡间别墅。他家的马厩里圈养了16匹英国马，
他还收藏了一批精美的艺术品。莫列里十分富有，足以
让他慷慨地答应威尔第下一部歌剧的报价。威尔第咨询
了在他的生命中扮演重要角色的朱塞佩娜·斯特丽波
妮——她曾经给过他很多的帮助，后来又成为他的人生
伴侣、第二任妻子。这位首席女演员建议，贝里尼在11

年前为《诺玛》（*Norma*）提过怎样的要求，他也可以提出同样的要求。

威尔第在托玛左·格罗西的史诗《第一次十字军中的伦巴第人》（*The Lombards on the First Crusade*）中选择了另一个可能会激发意大利观众的愿望和想象力的主题，泰米斯托克莱·索莱拉再次担任编剧。索莱拉此前的生活充满了传奇色彩：他的父亲是一位被判入狱的

泰米斯托克莱·索莱拉（1815—1878）是《纳布科》《第一次十字军中的伦巴第人》《贞德》和《阿蒂拉》的编剧。1841至1846年间，他与威尔第密切合作

意大利爱国人士；从维也纳逃学后，他加入了马戏团，据说在那里，13岁的他得到了经理妻子的"宠爱"。后来，在布达佩斯被警方重新抓获后，他回到米兰，开始创作诗歌和歌剧。他在24岁时就已经有两部歌剧在斯卡拉歌剧院上演。即使在那个年代，这也是一个不小的成就。

《第一次十字军中的伦巴第人》传递强烈而明显的民族主义热情，尤其在最后一幕十字军高唱"耶和华啊，请将故乡的家……"时。那时，十字军困在远离"伦巴第平原"的沙漠中，干渴难耐，祈求水源，拥有类似经历的观众完全地融进了伦巴第人的遭遇：伦巴第人抵抗撒拉逊人，保卫他们的圣地；在意大利观众的心里，奥地利人就是他们要抵抗的"撒拉逊人"。尽管警方强制性地禁止观众呼喊，但无济于事。当伦巴第人高喊"今天，圣地将属于我们时"，许多观众随之一同呐喊，疯狂欢呼。1843年2月11日，《第一次十字军中的伦巴第人》举行首演。一个多月前，威尔第同

057

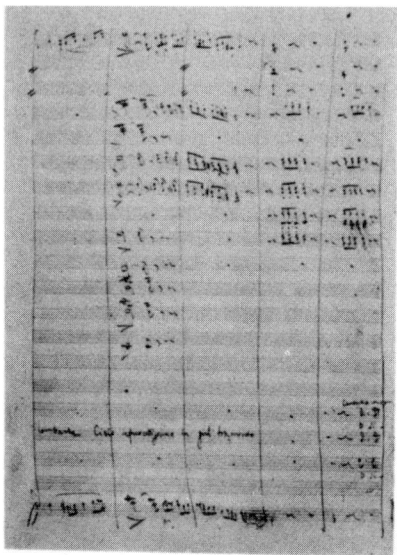

第四场第三幕一句大合唱中的一句："主啊，故乡的家"［威尔第亲笔签名页（里科迪公司）］

时代的作家瓦格纳的《漂泊的荷兰人》（*Der fliegende Holländer*）和多尼采蒂的《帕老爷的婚事》（*Don Pasquale*）分别在德累斯顿和巴黎举行了首映式。

《纳布科》和《第一次十字军中的伦巴第人》描写了公众示威游行的场景，因此引起了政治审查机关的特别关注。事实上，《第一次十字军中的伦巴第人》在刚上演的时候和《纳布科》一样受人追捧，但是观众们的

热情没有持续下去。部分原因在于剧本较为碎片化（包
含四幕11个场景），各部分音乐之间缺少平衡，甚至有
些片段琐碎而普通。尽管如此，博伊托评价它"充满了
永恒之美的奇妙痕迹"。吉诺·莫纳尔迪敏锐地指出，
打个大胆的比喻，《第一次十字军中的伦巴第人》的音
乐如同岩石和其他障碍物之间喷涌而下的瀑布，水流时
而爆发，时而隐藏不见，但却从不均匀而清晰。

　　威尔第将《第一次十字军中的伦巴第人》献给了帕
尔马公爵夫人玛丽·路易莎，因为她的政府曾调查并批

帕尔马公爵夫人玛丽·路易莎（1791—1847）

准了卡尔洛·威尔第代表他儿子向布塞托慈善基金会提出的救助申请。除此以外，路易莎夫人还给米兰音乐学院提供了资金支持。路易莎夫人接受了威尔第的献礼，表达了她对威尔第的感激之情，也高度地认可了他为意大利赢得的荣誉。

值得一提的是，此时的威尔第已经年满30岁，却刚刚开始他的音乐生涯。相比之下，舒伯特却在31岁就离开了人世，结束了他令人叹为观止的创作人生：他的作品丰富而多元，包括歌剧、弥撒曲、钢琴奏鸣曲、交响曲、室内乐和600多首歌曲。

PART 3

Movement

第
三
章　／

重要时期

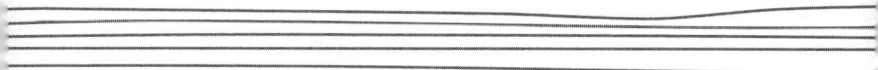

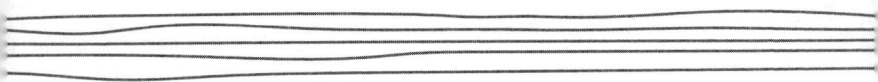

我们可怜的吉卜赛人——骗子，或者无论你想叫我们什么——被迫出卖我们的劳动、我们的思想和我们的梦想，来换取金钱。

——威尔第

18世纪晚期，西马罗萨（Cimarosa）和派西洛（Paisiello）处于鼎盛时期，意大利歌剧却日渐衰落，直到焦阿基诺·罗西尼扭转了这个局势。1813年，年仅21岁的罗西尼凭借《唐克雷蒂》和《意大利女郎在阿尔及尔》名声大震。自1813年到1823年离开意大利到巴黎的10年里，他复兴和改造了意大利的歌剧。37岁时，他停止创作歌剧。虽然罗西尼的作曲生涯不长，但是他对意大利歌剧有着深远的影响。他开启了一种新的歌剧模式，一种被后世作曲家，尤其是贝里尼和多尼采蒂完全遵循的模式。当代作曲家帕西尼精辟地指出："每个人都属于同一学派，采用同样的模式，他们都是这位杰出大师的模仿者。"

罗西尼凭借他热情洋溢的管弦乐风格（包括他著名的渐强音）和精致的唱腔，缔造了意大利浪漫主义歌剧，创设了一种可以实现快速创作的方法。然而，他的主要成就是继承并改进了意大利的歌剧传统。例如，宣叙调通常只有古钢琴伴奏，这种干巴朴实的声音被

写《威廉·退尔》时的焦阿基诺·安东尼奥·罗西尼（1792—1868），《威廉·退尔》是他最后一部歌剧 [J.C. 戴维南雕刻（约 1829—1830年）]

称为干宣叙调。许多作曲家都曾尝试在整部歌剧中加入管弦乐伴奏，然而，是罗西尼在《英国女王伊丽莎白》（*Elizabeth Queen of England*）中敲响了干宣叙调的丧钟。此后，这种宣叙调几乎销声匿迹。（威尔第仅在《一日为王》中使用过一次干宣叙调。）罗西尼的革新为威尔第探索更交响化地处理每一幕或场景开辟了道路。最终，威尔第在他后期的歌剧中，为意大利音乐提供了他独有的音乐风格，展现了与同时代德国瓦格纳截然不同的风格。

罗西尼式歌剧结构的最突出特征是双重咏叹调：舒缓而富有表现力的咏叹调后紧接着一种急速，令人眼花缭乱的微小咏叹调。在演唱方面，之前的作曲家只提供基本的旋律，演唱者可以自主地阐释和修饰音乐。相反，罗西尼会明确地写出演唱者的表演内容。因此，与莫扎特或西马罗萨的音乐相比，他的旋律更显华丽。莫扎特和西马罗萨期待演唱者在不违背惯例的前提下，对音乐进行修饰。二重唱和快板也采用了类似的结构，但

惯用的套路会中断情节，只有在朗诵部分情节才得以
推进。

情节在本该最急速推进的时刻被中断，这一戏剧特
征在每一场的尾声部分尤为明显。事实上，在罗西尼的
《塞维利亚的理发师》中，可以找到一个很经典的例
子：当士兵冲进巴尔托洛医生的房子，询问喧闹的原因
时，6名主演上前来，七嘴八舌地给出不同的解释。难
怪在这幕临近尾声时，合唱队唱道："我的头好像在铁
匠铺的火炉里。铁砧的声音无休无止，越来越响，震耳
欲聋。我们可怜的、迷糊的大脑，发呆的、困惑的大
脑，在混乱中失去理智，快要疯狂。"为了避免情节中
断，让情节更加统一，威尔第借助咏叹调和宣叙调来推
动戏剧情节。

威尔第不仅继承了鲜活的意大利歌剧传统，还在创
作中融入了他独特的个人风格。然而在很长的一段时间
里，他的创作受限于罗西尼的音乐框架和意大利歌剧的
惯用操作。例如，由于歌剧院的领唱歌手数量有限，作

曲家无法为他挑选的歌手自由地设置声部，并且其他角色只能由能力较弱的歌手饰演。对此，威尔第一方面增加主角的人数，一方面强化不同声音类型之间的差异，包括他对男中音的特殊"发现"。

作曲家必须为歌手量身打造音乐，进一步地限制了他们的创作。例如，18世纪的作曲家通常让歌唱演员们先"试唱"咏叹调，然后再量声裁曲。例如：威尔第甚至给男中音演唱家费利斯·瓦雷西（Felice Varesi）提供了三个不同版本的《麦克白》的最后一幕，以供他挑选

费利斯·瓦雷西（约瑟夫·克里胡贝尔绘）

他偏爱的版本。另外，首席女歌手们独领风骚，常常要求作曲家写她们指定的内容，还坚持演出要以她们的个人独唱来结束，甚至要求在一部歌剧中加入另一位作曲家最喜欢的咏叹调。

审查制度是剧本创作的另一大障碍。剧作家们不积极创作剧本，他们只是迎合人们的期望，去使用畅销书籍和戏剧，而不是原创剧本。因此，剧作家在剧本创作和诗歌形式的选择上倾向于"保守主义"和"拿来主义"。威尔第在1853年1月1日给他的那不勒斯朋友塞萨尔·德·桑克蒂斯（Cesare de Sanctis）的一封信中抱怨道：

没有什么比找到一个好的剧本和一个好的诗人更让我欢喜（我们需要这样一个人!），但坦白说，阅读那些送来的剧本丝毫不能给我任何乐趣。我想要的是什么，没有人知道，就是新的、伟大的、动人的、多样的、强烈的主题……而且真的让人震撼，前所未有，适合配乐的主题。

意大利观众的艺术喜好也不利于作曲家的创作。意
大利的观众不同于巴黎的观众，他们因循守旧，期待一
成不变的歌剧。因此，威尔第说只有他的最后一部歌剧
《法斯塔夫》"是为自己而作"。观众们期待更多的歌
剧：多尼采蒂一生共创作了约75部歌剧，以平均一年完
成2部歌剧的速度进行创作。威尔第在创作1842年《纳
布科》和1851年《弄臣》（*Rigoletto*）之间，完成了12
部歌剧，重写了2部歌剧。如此高强度的、密集的创作
让威尔第自称是一名"苦工"。

069

加埃塔诺·多尼采蒂（1797—1848）（G.卡马拉罗绘）

多尼采蒂未能为意大利浪漫主义歌剧传统注入新的元素。他写过诸如露契亚、安妮·博林和露克雷齐亚·波吉亚一类的悲剧女英雄，但是在他的那些庄重严肃的歌剧中，仍然有明亮的唱腔、迷人的旋律、空灵的管弦乐和急速发展的剧情。1848年，51岁的多尼采蒂死于精神失常，此后威尔第在浪漫歌剧主义的传统上加入了他的个人风格，正如朱利安·巴顿（Julian Budden）所言："这种风格超越了他同时代作品的天真和感伤。"

精神失常的多尼采蒂（劳斯绘）

观众离开威尼斯凤凰歌剧院时的场景（1891年雕刻，玛丽·埃文斯）

威尔第终于有资格挑选歌剧院了，因为他说："继《纳布科》之后，我的邀约不断。"可能由于在斯卡拉歌剧院有过两次巨大的成功，所以他不希望冒险，拒绝了"斯卡拉歌剧院经理莫列里所有友善的提议"，转而接受了孔蒂（Conte）的合约，为意大利北部的另一家大型歌剧院——威尼斯凤凰歌剧院制作《第一次十字军中的伦巴第人》和一部新的歌剧《厄尔南尼》（Ernani）。查尔斯·狄更斯在长篇小说《小杜丽》（Little Dorrit）中描述了11年后《厄尔南尼》在威尼斯演出的一个夜晚：

　　他们吃完晚饭，又下到海里，再顺着歌剧院的楼梯，从海里出来。一个船夫走在前面，像一个随船的人鱼，手里提着一盏大亚麻灯笼。他们进了包厢……剧院的光线很暗，包厢里亮着灯。演出结束了……那个拿着灯的人鱼已经站在包厢外等着了，其他拿着灯的人鱼也都在那儿等着了。

　　威尔第计划再写一部歌剧，一开始拜伦的作品和莎士比亚的《李尔王》都在他的考虑范围之中。（在他的一生中，多次萌生过要以《李尔王》为底本写一部歌剧的想法。）然而，他和他的编剧弗朗西斯科·玛丽亚·皮雅维（Francesco Maria Piave）最终选定了曾在1830年轰动巴黎的维克多·雨果的《厄尔南尼》。《厄尔南尼》让威尔第陷入了曾经的困扰之中。审查机关坚持必须对脚本做一些小的改动；歌剧院想把强盗头子厄尔南尼的角色换成一位受人喜爱的女低音歌手的角色；

弗朗西斯科·玛丽亚·皮雅维（1810—1876），是威尔第几部最著名歌剧的脚本作者，歌剧
脚本包括《麦克白》《弄臣》《茶花女》和《命运的力量》（1860年）

剧院经理莫桑尼奥伯爵拒绝采用在歌剧中从未用过的猎
人的号角（厄尔南尼自杀的信号）。这位作曲家赢得了
所有的"搏斗"，却未料到《第一次十字军中的伦巴第
人》于1843年12月26日在威尼斯的首场演出遭遇失败。
演出刚一结束，威尔第就给朱塞佩娜·斯特丽波妮写信
说："《第一次十字军中的伦巴第人》的演出一败涂地。
对观众而言，它一无是处……我平静地告诉你这个简单
的事实。"

　　由于男高音多梅尼科·孔蒂演唱得很糟糕，威尔第

不得不换掉他，请卡洛·瓜斯科饰演厄尔南尼。此外，他在女高音索菲亚·罗维那儿也遇到了麻烦。罗维不满意自己的角色，坚持要求在歌剧的尾声给她增加一个激昂的咏叹调，甚至已经委托了皮雅维来写歌词。威尔第听到消息后，立即驳回了她的要求，最终罗维很不情愿地做出了让步。罗维在1844年3月9日首演中的表现使得她和威尔第之间的关系雪上加霜。威尔第评论道："瓜斯科根本没发出声音，并且嘶哑得可怕；昨晚的罗维是当之无愧的'跑调之王'。"尽管有许多不足，这部讲述三个男人同时爱上一个女人的浪漫歌剧依然很卖座，并很快在欧洲的其他城市上演，给作曲家威尔第带来了国际声誉。《厄尔南尼》的一大亮点是明确地区分了男高音、男中音和男低音，并赋予了它们各自不同的特质。

威尔第在《厄尔南尼》上演后回到了米兰，为罗马的阿根廷剧院寻找新的歌剧主题。这次，他采用了拜伦的《两个福斯卡里》（*The Two Foscari*）。威尔第有这个转变不足为奇，因为《两个福斯卡里》讲述了15世纪

威尼斯凤凰歌剧院内景（《厄尔南尼》首演时的场景）

威尼斯历史中"十人会议"残酷暴政时期，正如剧中的一个人物揭露道：

你半夜抬着东西走，然后淹死了，

你的地牢就在官殿的屋顶或下面；

你的神秘的会议，

还有未知的死亡，突然的处决，

你的"叹息之桥"，你那令人窒息的房间，还有

你那折磨人的工具。这一切都使你看起来

像另一个更糟的世界的存在。

11月3日，《两个福斯卡里》举行首演，尽管昂贵的票价让观众不满，但仍受到了观众的热烈欢迎。这部短小的歌剧的最大亮点是介绍了人物与主题的联系。尽管这只是一种与瓦格纳的"主题动机"如出一辙的标签手段，但未来的威尔第在此清晰可见。正如一位评论家所言："每个人物都在使用符合自己个性特征的语言，每个角色都以一种戏剧化的方式表达自己的情感。"

威尔第一如既往地关注脚本的创作，给皮雅维提出了许多改进的意见，还敦促他"多费点儿劲，因为这是一个好题材，细腻而悲怆"。威尔第前三部歌剧的内在冲突和戏剧张力十分强烈，相比而言，《两个福斯卡里》更加温和，更加忧郁，用细腻的音乐传达出一种"朦胧的忧郁"。

9月底，威尔第前往罗马，对《两个福斯卡里》进行一个月的排练指导。当他坐着马车，第一次靠近这座

"永恒之城"时，他一定也经历到了令许多旅行者津津
乐道的那个神奇时刻。快到达山顶时，车夫会停下来，
指着远处说："看！那就是罗马。"阿诺德博士在1840年
写给他妻子的信中，讲述了这段经历：

　　我原以为圣彼得大教堂会像约克大教堂那样，雄伟
地矗立在地平线之上，但是它却在地平线之下，所以不

罗马的圣彼得大教堂（1850年，版画）

手拿《两个福斯卡人》乐谱复印件的威尔第（1884年）

是特别地引人瞩目……然而，我眼前的大片风景却引人
入胜。前面矗立着阿尔班山，即使我站在30多英里的距
离之外，也能清楚地看到山四周的白色别墅。左边是阿
彭宁山脉，山顶上的蒂沃利小镇清晰可见。在我的右边
是平静的埃帕尼亚河，后面是波澜不惊的大海。

多尼采蒂在维也纳看完歌剧《两个福斯卡里》后，
给出了很高的评价。他在1845年2月26日写给友人的信

中说："威尔第是个天才，难道不是吗？即使《两个福斯
卡里》没有显露出他所有的天赋。"尽管如此，威尔第
的耳边总不缺少批评的声音，其中最恶毒的批评出自于
嫉贤妒能的尼科莱之口，他在1844年写道："意大利已
经坠落了。现在为她创作歌剧的是威尔第。这些歌剧真
的很差劲……从技术上讲，他的乐谱糟糕，他一定有一

古罗马广场（版画）

颗驴一样的心，在我看来，他是一个可怜的、卑鄙的作曲家。"

在这段时间里，威尔第收了一个学生——鞋匠的儿子伊曼纽尔·穆齐奥。和威尔第本人一样，穆齐奥也受过巴列兹善意的帮助，拿过布塞托慈善协会的助学金，但被米兰音乐学院拒之门外。他给巴列兹写过许多封长信（被称为"天真、平庸和忠诚的丰碑"），这些信让人们开始喜爱上这个单纯而可爱的年轻人，也让他们窥见威尔第的迷人之处。不久，威尔第请穆齐奥担任秘书。穆齐奥需要回信，拒绝许多不受欢迎的仰慕者的来电，处理日常事务等。因此在威尔第的心目中，穆齐奥非常重要，并将成为他的一位密友。1846年，穆齐奥从竞争布塞托音乐大师的比赛中退出，并向巴列兹动情地解释道：

坦白说，大师先生给了我第二次生命。离开他，我将会抱憾终生。我不像是他的学生，而是他的一个朋友。我们总是在一起吃午饭，一起喝咖啡，一起打牌

晚年的伊曼纽尔·穆齐奥（1821—1890）（博蒂尼，油画）

（只有一个小时，从12点到1点）。简言之，没有我的

陪伴，他哪儿也不去。他在家里置办了一张大桌子，我

和他都伏在桌上作曲，他的建议总让我获益良多。我绝

对不可能抛弃他。

穆齐奥生动地描绘了威尔第在斯卡拉歌剧院指导

《第一次十字军中的伦巴第人》复演排练的情景：

我和大师先生一起去排练。我看到他耗尽自己的全部体力，心里很难过。他不顾一切地大喊大叫，用力地踩着脚，好像在踩着踏板演奏风琴，他的汗如雨下，滴在乐谱上……他用眼神提示着歌手、合唱队和管弦乐队，眼里的火花深深地触动着他们。

威尔第邀请索莱拉为他的下一部歌剧创作脚本，这将是他上演的第七部作品，为莫列里和斯卡拉歌剧院而创作。穆齐奥向他们的布塞托朋友保证，《圣女贞德》（*Giovanna D'Arco*）（根据席勒的剧本改编）"将震撼所有米兰人"，因为它包含了"所有音乐类型——戏剧、宗教和军事"。在1845年2月的首演中，公众对这部剧的评价很高，因此很快就在意大利其他城市陆续上演。因为审查人员对这位女异教徒（当时圣女贞德还没有被封为圣徒）心存疑虑，所以威尔第不得不把名字改掉。在威尔第的歌剧中，贞德死在战场上，而不是在火刑柱上。这个角色由女高音厄米尼纳·弗列左里尼演绎，尽管穆齐奥声称在排练中"厄米尼纳·弗列左里尼总是说她的嗓音已经不复从前了，并为此伤心哭泣"，

厄米尼纳·弗列左里尼（1818—1884）（约瑟夫·克里胡贝尔绘）

但是她获得了巨大的成功。不久，米兰的大街上回荡着
管风琴和乐队演奏的《恶魔合唱曲》。

　　很快，莫列里要求威尔第指导《厄尔南尼》的复
演，但遭到了拒绝，因为斯卡拉歌剧院正在慢慢地衰
败。威尔第发现了这位剧院经理一直在暗地里与出版商
里科迪协商出售《圣女贞德》乐谱版权的事情，但他无
计可施。几个月后，《两个福斯卡里》上演，莫列里颠
倒了第二幕和第三幕的顺序。这些事情导致了威尔第在

远眺下的那不勒斯（《伦敦画报》）

084　接下来的25年里没有为斯卡拉歌剧院写过一部剧本，虽然那是他事业开始的地方。

与此同时，威尔第答应为那不勒斯的圣卡罗剧院写一部歌剧。那不勒斯不是一个重要的港口城市，而是一个地处海边，坐落于肥沃平原上的富饶之城。毫无疑问，那是一个令人向往的旅游胜地，是"伟大旅程"的必经之站。在18世纪，那不勒斯的歌剧传统根深蒂固，因此很难接受罗西尼的艺术创新。除此以外，梅尔卡丹特已经站稳了脚跟，帕契尼的歌剧正在广泛地上演。这两位有影响力的作曲家都很轻视威尔第，尽管后来穆齐奥说，威尔第让他们"嫉妒得夜不能寐"。1849年11月，威尔第写信给圣卡罗剧院的经理文森佐·弗劳尔特，说"想在那不勒斯获得实质性的成功，对任何一位作曲家来说，都非常困难，对我来说更是难于登天"。

然而，可以与圣卡罗剧院的常驻编剧塞尔瓦托·卡玛拉诺合作，令威尔第十分心动。卡玛拉诺有很多的代表作，其中包括多尼采蒂的《拉美莫尔的露契亚》（ *Lucia di Lammermoor* ）。威尔第和卡玛拉诺共同选定了伏尔泰的小说《阿尔济拉》（ *Alzira* ）。这部小说讲述了一位西班牙裔的秘鲁总督在临死之前，忏悔他一生的残暴之行，并把他的印加新娘嫁给了她一直深爱的酋长的故事。

由于旧病复发，威尔第不得不休息2个月，然后才开始创作《阿尔济拉》。事实上，早在创作《两个福斯卡里》的时候，病痛就开始困扰他：头痛、胃痛和慢性咽喉炎。这些症状只有在威尔第写歌剧的时候才会出现，因此可以断定是他的心态出了问题。弗劳尔特坚决不同意创作延期，正如威尔第对卡玛拉诺自我挖苦说："我们这些艺术家是不允许生病的。"然而，这次延期是"塞翁失马"，因为意大利女高音歌唱家尤金妮娅·塔多里尼可以从分娩中康复，能如威尔第所愿，在《阿尔济拉》中演唱。1845年8月12日晚上，《阿尔济拉》举行首演，反响热烈。可惜，它一直没有火起来。4个月后，它在罗马受到了近乎无情的冷遇。一位评论家在《综合》（L'Omnibus）一书中睿智地指出："没有一个人拥有足够高的天赋，可以在一年内创作两三部伟大的歌剧。"后来，威尔第坦言说："《阿尔济拉》是一个彻彻底底的失败。"将《阿尔济拉》与瓦格纳的《唐豪瑟》（*Tannhaüser*）相提并论，威尔第无疑处于下风，后者恰巧于同年在德累斯顿宫廷歌剧院上演。

　　3个月后，威尔第在给诗人雅格布·费雷蒂的一封

威尔第在《阿蒂拉》最后一场演出的乐谱中最后一页上的签名

信中透露："我现在对《阿蒂拉》（*Attila*）非常着迷。它的主题是那样精彩！评论家们可以有自己喜欢的剧本，但我要说：这是一个多么精彩的剧本啊！"一年前，他把维尔诺的《阿蒂拉》交给皮雅维，此时他委托索莱拉为威尼斯歌剧院写这部歌剧的脚本，并通过出版商弗朗西斯科·卢卡代理出版。卢卡是里科迪家族的竞争对手，后者出版了《奥贝尔托》以及威尔第的其他大部分的歌剧。卢卡的妻子告诉威尔第："晚上我们躺在床上的时候，他不停地叹息和呻吟。"卢卡大概在想如果他能拿到威尔第的一部歌剧的版权，能赚多少钱。最后卢卡确实成功地拿到了《阿蒂拉》的出版权。

然而，索莱拉的工作进展非常缓慢。愤怒的穆齐奥报告说，他早上11点还躺在床上。后来，他竟然在最后一幕还未完成的情况下，就跟着他首席女演员的妻子去了巴塞罗那。威尔第费了很大的力气才从他那里要来了未完成的手稿，并把剩余的部分交给皮雅维完成。就这样，威尔第终于与这个曾与他共同战斗，赢得早期辉煌的战友分道扬镳了。然而，索莱拉的传奇人生还未结束：他和伊莎贝拉皇后发生婚外情；在米兰担任一家宗教杂志的编辑；做过拿破仑三世的秘密特使和加富尔的间谍；在里窝那儿挑过水；在佛罗伦萨卖过古董；负责打击巴斯利卡塔土匪和重组埃及警察的行动。他在1875年一贫如洗地出现在伦敦，1878年复活节那天回到米兰。

　　威尔第的身体越来越糟糕，加上严重的胃病，他不得不在床上完成了《阿蒂拉》，为此差点丢了性命。1846年3月17日，这部歌剧在威尼斯凤凰剧院的演出取得了"相当大的成功"。尽管如此，威尔第在第二天写给玛菲伯爵夫人的信中说："对一个可怜的病人来说，观众给的掌声和欢呼声实在是太多了。"意大利观众很喜欢《阿蒂拉》的爱国情怀。当他们听到罗马将军的台词——"你拿走宇宙，但把意大利留给我"时，大声呼喊"意大利属于我们"！3月23日，穆奇奥在给巴列兹的信中写道："《阿蒂拉》让观众陷入了真实的狂热，大师得到了所有荣誉：花环、铜管乐队手持火把，在欢呼的人群中陪伴他回到他的住所。"

　　由于病情加重，医生要求威尔第休息了6个月。他放下手中的工作，要么驱车去乡下，要么乘坐新建的从米兰到蒙扎的铁路去旅行。自1830年乔治·史蒂芬逊修建的利物浦—曼彻斯特铁路通车后，铁路在欧洲大陆迅速蔓延。然而，意大利铁路建设的速度十分缓慢。初

于1846年5月12日在伦敦女王陛下剧院演出的《第一次十字军中的伦巴第人》中的一幕［《伦敦新闻画报》，1846年5月23日（玛丽·埃文斯）］

期的铁路线只在城市和郊区之间，或在临近城镇之间开
通，从未跨过州界。因此，1848年《国家报》抱怨说，
虽然一个人可以以25英里/小时的速度旅行，但把货物从
佛罗伦萨运到距离200公里外的米兰却需要8周的时间。
当时在米兰，铁路不是仅有的新兴事物，燃气照明也是
新近的"舶来品"——世界正在急速地发生变化。

　　然而，威尔第的生活却一如往常。那一年，他和才
与妻子分居的安德里亚·玛菲一起去雷科罗旅行。他们
下水游泳，在山间远足、骑驴。虽然时隔好几年，威尔
第才从创作的压力中释放出来，但是这一段的恢复期
以及强制性的自我放松，为他下一部歌剧的发展奠定了
基础。

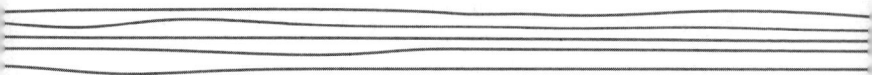

PART 4

Movement

第
四 /
章

"做苦刑犯的日子"

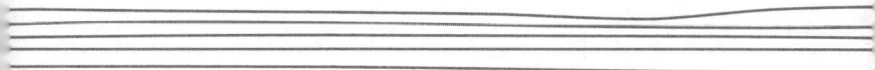

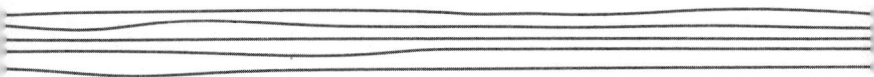

多么庄严的音乐啊！我可以告诉你，有些东西会让人毛骨悚然的！

——穆齐奥对《麦克白》的评论

1846年秋天，医生要求的6个月康复期即将结束。由于经纪人向来不太相信创作会危及威尔第的健康甚至生命的诊断，歌剧界再一次地向威尔第施加压力：曾和患过类似疾病的作曲家打过交道的那不勒斯人弗劳尔特解除了他与威尔第的合同；莱昂·埃斯库迪尔同意威尔第推迟去巴黎导演歌剧的安排；英国经理本杰明·拉姆利很不情愿地答应再等等威尔第；一心向"钱"看的出版商卢卡，不断地向威尔第施压，让他再出两部歌剧。然而，这个时候，威尔第计划为佛罗伦萨的拉·彼戈拉剧院写一部歌剧，仍由里科迪出版，而不是由卢卡出版，因为卢卡曾为了选择什么样的主题与威尔第激烈地争论过。

威尔第在考虑了一系列主题之后，最终选定莎士比亚的《麦克白》，并亲自撰写了一篇概要。1846年9月，他把概要寄给了皮雅维，并告诫他说："这出悲剧是人类历史上最伟大的作品之一……如果我们不能让它变得伟大，至少我们得尝试做一些不寻常的事情。"

可怜的皮雅维被威尔第"胁迫"去创作脚本：发现问题，建议修改内容，规定诗行的格律。即便如此，威尔第对剧本仍不满意，正如他在1847年1月21日的信里所说："你的剧本几乎没有什么问题，但是你竟然忽视了最后那两场，真是难以置信！唉，不过你也弥补不了。幸好，安德里亚（玛菲伯爵）已经向我们伸出了援助之手，尤其是对我，因为坦白说，我很难给你的诗句配曲。我和玛菲已经解决了所有的问题，但是几乎改动了整个剧本。"玛菲重写了第三幕中女巫们的合唱和麦

《麦克白》乐谱的封面（福克斯绘）

克白夫人梦游时的场景。威尔第全额支付了皮雅维的酬

劳，可是他的名字没有出现在封面上。幸运的是，皮雅

维没有心怀不满，也没有拒绝和威尔第继续合作，他们

在后期共同制作出威尔第最钟爱的歌剧《茶花女》。

　　威尔第废寝忘食，殚精竭虑地指导《麦克白》的演

出，因为他希望一切都尽善尽美。他事无巨细地交代拉

纳里，规定合适的女巫数，建议鬼魂如何正确地使用新

的"魔法之灯"，并且严格地指示班柯的鬼魂"必须穿

过一道活板门，从地下出来"。1846年12月22日，他写道："我的这些想法都来自于伦敦，在过去的200年里，《麦克白》在伦敦的演出从未断过。"无疑，威尔第非常喜爱莎士比亚。在他给埃斯库迪尔的一封信中，他言辞激动地驳斥了那些针对后期在巴黎上演的《麦克白》的批评：

哦，他们大错特错了。也许我没有公正地对待《麦克白》，但是要说我不知道、不能理解和不能体会莎士比亚，天哪，这绝非事实。莎翁是我最喜爱的诗人。当我还是个小孩的时候，我就认识他，细细揣摩他的作品。

威尔第在首演前一个月抵达佛罗伦萨，发现麦克白夫人由玛丽安娜·巴比埃尔—尼尼饰演，而不是索菲亚·罗维，那时罗维已经失声了。玛丽安娜后来回忆威尔第指导她与男中音费利斯·瓦雷西在第一幕中的二重唱时说：

排练不下于150次，因此就像威尔第常说的那样，他说的比我们唱得多。想象一下，在最后一次排练的那个晚上，剧院里坐满了客人，威尔第让艺术家们都穿上剧服，如果谁与他的意见不同，他就找谁的麻烦。（在那个时代，彩排几乎是闻所未闻的。）我们穿好演出服，准备上场，管弦乐队已经在乐池里就位，合唱队已经站上舞台。这时，威尔第示意我和瓦雷西随他到舞台两边的旁厅去。在那儿，他解释说，我们三人一起去门厅，再排练一次那该死的二重唱。

"大师，"我抗议道，"我们已经穿上了苏格兰服装，怎么排练呢？"

饰演麦克白夫人的玛丽安娜·巴比埃尔—尼尼（1820—1887）（蒙西尼，1844年铜板雕刻）

"给他们披上一件斗篷。"

瓦雷西对这个不可思议的要求十分恼火，他大声地抗议说："可是我们已经排练了150遍了，看在上帝的份上！"

"这个数字将会过去，因为不到半个小时，它将变成151了！"

威尔第是一个让人不得不服从的"暴君"。直到现在我还记得，当我们跟着威尔第朝门厅走去的时候，瓦

威尔第（1847年，杰弗瑞雕刻）

雷西那充满怨恨的眼神。他的手死死地抓住剑柄，似乎马上就要动手去刺杀大师，如同他后来在歌剧中谋杀邓肯国王那样。但连瓦雷西也屈服了，我们排练了第151次。观众们已经等得不耐烦了，他们在剧场里大声地吵闹着。然而，"深受欢迎"一词丝毫不能形容这首二重唱的魅力，因为它有着一种不可思议的、全新的、从未想象过的特质。

1847年3月14日的《麦克白》的首演轰动全场，威尔第至少谢幕25次。在向女主角致谢后，他被欢呼的人群护送回家：

暴风雨般的掌声还没有平息，我站在化妆间里，浑身颤抖，精疲力尽。突然，门开了，威尔第站在我的面前，那时我的衣服已经脱去了一半。他做了个手势，嘴唇动了动，似乎心中有话，却一个字也说不出来。我哭着，笑着，也说不出话。我看到他的眼睛已经发红，他紧紧地握住我的手，然后冲出门外。那一刻的真情流露让几个月的辛苦工作和焦虑变得微不足道了。

威尔第愧疚于没有将他之前的歌剧献给他的赞助人，因此将《麦克白》——他最伟大的歌剧——献给了他的老朋友兼赞助人巴列兹。在1847年3月25日信中，他写道：

《麦克白》是我最喜欢的一部歌剧。在我看来，它是我送给你的最珍贵的礼物，它发自我的内心：让你的心灵接受它吧，让它永远见证我对您的感激之情和喜爱之心。

最深情的

G.威尔第

18年后，威尔第在他的法国出版商莱昂·埃斯库迪尔的建议下，重写了《麦克白》剧本，并将其搬上了巴黎的舞台。虽然首演不是特别地成功，但是当今在舞台上演出的《麦克白》主要是这个版本。

1847年，《麦克白》歌谱在意大利出版。同年，夏洛蒂·勃朗特的《简·爱》及其姐姐艾米莉的《呼啸山庄》在英国面世。然而，威尔第在那一年里最有可能听闻的事件是门德尔松在11月去世。在结束对英国的再次访问之后，他就离开了人世。在他去世后，维多利亚时期的英国人一直怀念他。

威尔第多次走访有"北部雅典"之称的古城佛罗伦萨。他与大公爵会面并给诗人朱塞佩·朱斯蒂（Giuseppe Giusti）和雕塑家杜雷（Dupré）留下了深刻的印象。威尔第对绘画和雕塑有一定的了解和兴趣，尤其是对米开朗琪罗的作品，威尔第和杜雷因此成为终生的朋友。那时，安德里亚·玛菲也在佛罗伦萨，正着手创作席勒《劫匪》的歌剧版本，它成了威尔第下一部歌剧的脚本。

103

这部后来被称为《强盗》的歌剧定在伦敦女王陛下剧院上演。忠心的穆齐奥陪同威尔第，于1847年5月出发，途经瑞士和斯特拉斯堡，再乘船沿莱茵河顺流而下到科隆，最后经布鲁塞尔抵达巴黎。之后，威尔第请穆齐奥先去伦敦做准备，他晚几天再去。威尔第到达伦敦后，发现伦敦真是一座让他"又爱又恨"的城市。他

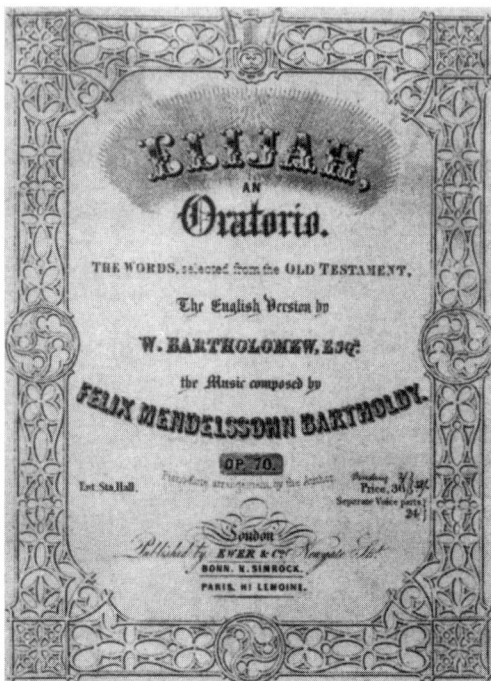

门德尔松《以利亚》英文乐谱原稿的封面页。《以利亚》于1846年8月26日在伯明翰市政厅首演

在写给朱塞佩娜的信中，清楚地表达了他对伦敦的复杂情感：

太阳万岁！我一直喜爱阳光，但此时此刻，我对它的爱更加强烈，因为我一直在忍受烟雾的折磨。它使我

伦敦大街街景（玛丽·埃文斯）

窒息，也使我沮丧。如果没有烟雾，伦敦将会是一座多么宏伟的城市啊！这里的一切都会让你目不转睛——然而，糟糕的气候却遮蔽了这种美丽。哦，假使这里的天空如同那不勒斯的天空那样明媚，这里就是天堂。

在同一个月的早些时候，穆齐奥给巴列兹写了一封长而有趣的信。在其中，穆齐奥记录了他对伦敦的印象：

伦敦真是乱成一团！乱得出奇！……人们在喊叫，

穷人在哭泣，汽船在飞驰。骑马的，坐马车的，步行的，所有的人都像被诅咒了似的大喊大叫。亲爱的安东尼奥先生，你无法想象那是怎样的一个场面。

威尔第和穆齐奥对伦敦的反应极其正常。新修的铁轨、隧道、高架桥、桥梁、蒸汽和烟雾已经彻底地改变了这座首都城市的景观，另外人口的增长让它变得十分

伦敦黑衣修士桥附近的铁路建设场景，面向勒盖德山和圣保罗大教堂（《伦敦新闻画报》，玛丽·埃文斯）

拥挤。曾经笨重的长途汽车和著名的旅社很快地让位给铁路、中心站和车站旅馆。查尔斯·狄更斯在那个时期的小说刻画了英国的"阴森面目"——肮脏、绝望、拥挤、骇人听闻的环境、贫穷和堕落。

为了避开烟雾，威尔第的大部分时间都待在室内。他早上5点起床，一直工作到下午6点，然后去剧院，拉姆利在那里为他预备了一间包厢。穆齐奥仅仅地盯着眼前的华丽衣服、钻石和珠宝。据报纸记载，女士们一个接一个地"用她们的观剧眼镜看威尔第，似乎想要把可怜的威尔第吃进肚子里去"。威尔第几乎拒绝了一切的社交邀请，包括维多利亚女王的邀请。然而，这位令人敬畏的女士把7月22日的《强盗》首演变成了一场御前演出，并与阿尔伯特亲王、其他皇室成员和议会成员一同出席。穆齐奥记录道：

　　歌剧轰动全场。从序曲到结束，掌声和"再来一次"的欢呼声持续不断。大师亲自指挥乐队，他坐在一张比其他人都要高的椅子上，手里拿着指挥棒……人们向他欢呼，邀请他单独或和歌手们一起上台。一束束的鲜花朝他扔了过去，整个现场只回荡着一种声音——"威尔第万岁，美妙至极"！

有"瑞典夜莺"美称的珍妮·林德的表演令人钦佩，她口中的曲调十分优美。然而，路易吉·拉布奇不适合扮演一个因长期监禁而瘦得皮包骨头的老人，他曾在多尼采蒂的《爱情灵药》（*L'elisir d'amove*）中扮演过一个胖胖的好好先生——杜卡马拉博士。虽然威尔第认为《强盗》"深受好评"，但是拉姆利后来在他的回忆录中写道："《强盗》的首演似乎很顺利，但它不是一部成功的歌剧……（而且）它从未在意大利的舞台上获得成功。"首演结束后，拉姆利诚心邀请威尔第留在英国，担任女王陛下的音乐总监。毫无疑问，这位作曲家认为只有给他的报酬足够高，才能使他忍受英国的气候。由于他索价过高，这件事就告吹了，威尔第回到了巴黎。

19世纪50年代的巴黎局势动荡不安。继1789年大革命的腥风血雨和拿破仑政权的跌宕起伏之后，路易十八和查理十世统治的复辟王朝也被推翻。1830年，巴黎大革命风起云涌，建立了以"人民的国王"——路易·菲利浦为首的资产阶级君主政体。威尔第到达巴黎时，菲

109

《强盗》于1847年7月22日在伦敦女王陛下剧院首演中的一幕，珍妮·林德（1820—1887）和拉布奇（1794—1858）参与其中。《伦敦新闻画报》写道："威尔第的新歌剧依然最吸睛。它是为我们英-意舞台最早创作的歌剧之一，因此，格外具有吸引力。然而，我们希望这不是最后一部，而且好的榜样一旦树立，就会被纷纷效仿。在女王陛下剧院被预言将要面临前所未有的艰难处境时，《强盗》的上演大大地提升了剧院管理层的信誉。"（玛丽·埃文斯）

利浦长达18年的统治即将结束，然而，广受欢迎的王位继承人奥尔良公爵死于1842年的一次马车事故；人们对路易·菲利浦国王渐渐失去信心，对弊端重重的自由措施越来越不满。1848年2月24日，共和党人发动起义，他们将战斗的堡垒再次搬到了巴黎的街头。年迈而疲惫的菲利浦国王退位，住进萨里郡的一座别墅里，他的离开为皇帝的侄子路易·波拿巴恢复拿破仑统治铺平了道路。

19世纪30年代和40年代是巴黎歌剧的黄金发展期，它深深地吸引了阿尔卑斯山那边的意大利作曲家们。继凯鲁比尼、罗西尼和多尼采蒂之后，威尔第采纳莱昂·埃斯库迪尔的建议，与诗人阿方斯罗耶和古斯塔夫合作，共同制作出一部全新的法语版歌剧《第一次十字军中的伦巴第人》。1847年11月26日，《耶路撒冷》（新版《第一次十字军中的伦巴第人》）的首演相当顺利，路易·菲利浦在杜伊勒里宫举行了两场御前演出，威尔第因此受封为荣誉军团骑士。里科迪发行了这部歌

人民的国王——路易·菲利浦（1773—1850）（A. 赫维尤雕刻，1835年）［选自弗朗西斯·特罗洛普的《巴黎与巴黎人》（*Paris and the Parisians*）卷二，伦敦，1836年）］

剧的意大利语乐谱，威尔第将它献给久已淡出舞台的歌唱家朱塞佩娜·斯特丽波妮。在威尔第职业生涯的初期，朱塞佩娜给了他巨大的帮助，而此时她将要在他的生活中扮演更加重要的角色。

作曲家途经巴黎的时候，邂逅了他的这位昔日首席女歌手。（他只是在巴黎停留几日，朱塞佩娜在巴黎生活和从事教学工作已一年有余。）威尔第从英国返回巴黎后，他们肯定经常见面。至于他们什么时候成为恋人，说法不一。虽然没有确凿的证据表明他们早在1842年就已经确定恋爱关系，但是他们的友谊在1847年有了很大的发展是一个不争的事实。

最近，一位名叫乌苏拉·冈瑟的德国威尔第学者在一份《耶路撒冷》手稿中发现，威尔第和斯特丽波妮共同创作了一首爱情二重唱的歌词，这说明他们早已在私下互表爱意。作曲家原本打算只在巴黎停留几个星期，最终却在那儿待了两年，这其中一定有某种原因。尽管威尔第找了各种各样的借口——他与歌剧院的合同，有关续约的谈判，最后是他的病情——但是现在看来朱塞佩娜·斯特丽波妮无疑是最根本的原因。

朱塞佩娜的父亲是一位音乐家，一生创作了多部歌剧，34岁时离开人世。和威尔第一样，她到过米兰音乐

巴黎歌剧院的一间包厢（约翰·亨利·罗宾逊雕刻）

学院，并在那儿荣获美声比赛的头奖。1834年，她开始
了她辉煌的歌剧演唱生涯，不久，便被公认为首席女歌
唱家。然而，她的私生活问题不断，总能引发众多的猜
测。1837年，她生下私生子卡米利诺，4年后，她难产
生下第二个孩子。当时，包括威尔第在内的许多人都以
为她是米兰剧院经理莫列里的情妇，但弗兰克·沃克的
研究表明，朱塞佩娜两个孩子的父亲都是男高音歌手拿
破仑·莫里亚尼。

朱塞佩娜（1945年，油画）

朱塞佩娜的私生活一团糟，除此以外，她用嗓过度。她一周的演出多达5场，甚至7场。由于声带受损，她不停地咳嗽。医生们威胁她说，除非她放弃唱歌，否则咳嗽将会恶化成肺病。《纳布科》几乎就是她的封山之作，索莱拉对她献上了永久的敬意：

经过长期的学习，她那令人赞叹的天赋变得更加惊艳，甚至无人企及。因此，无论是庄重的或是喜剧的题材，她的杰出表现都会令众多著名的前辈歌手黯然失色。她极度细腻，知道如何用她的声音和表情去俘虏观众的心。《露西娅》演出时，台下的每位观众都和她一同流泪，同样，每个人都被她那发自内心的笑声而感染。能既胜任严肃剧又能胜任喜剧的歌手屈指可数。

当时威尔第迫于经理和出版商，尤其是弗朗西斯科·卢卡的压力，不得不继续工作，因为按合同他要为卢卡再创作一部歌剧。威尔第拒绝卢卡的建议去另请一

出版商弗朗西斯科·卢卡（1802—1872）

位编剧来代替皮雅维，以及选择其他作品来代替拜伦的《海盗》（ *The Corsair* ）（一个希腊海盗与土耳其人战斗的故事），朱塞佩娜对此很不满。从他们之间的信件来看，她对威尔第的敌意处处可见，难以掩饰。当时，皮雅维已经在创作《海盗》了。"我可能正在犯一个大错误，"威尔第断然地写道，"但除了《海盗》，我什么都不选。你所有的反对意见只会让我更喜欢这个主题。"事实上，他在计划初期，似乎热情满满，但是这种热情慢慢地就消退了。

威尔第愤愤不平地说，"最令人恼火、最忘恩负义的"卢卡"迫使我在身体很糟糕的情况下完成了《阿蒂拉》的创作"，但这也说明了他没有在《海盗》上投入足够多的精力。短短的几个月，他就完成了这部歌剧，寄给了经理，说他已经竭尽所能。1848年10月25日，卢卡在里雅斯特的格兰德剧院首次推出了《海盗》（受米兰五日的影响，首演日期推迟了5天）。威尔第没有出席首演，因为他"觉得自己不宜在这个季节里长途跋

1848年3月22日米兰大街上的战斗场景（玛丽·埃文斯）

涉"。事实证明，他的缺席无关紧要，因为演出一败涂地。《海盗》在上演3次后，就从剧目单上删除了。虽然威尔第后来认为这部歌剧"枯燥乏味、缺少感染力"，其他人评价它"没有任何的纪念价值"，但是它的某些片段，尤其是监狱那一场，确实相当出彩，能点燃观众的情绪，激起观众的反应。

　　1848年是不寻常的一年，这一年发生了很多事情：人们在加利福尼亚发现了黄金，马克思和恩格斯的著作

《共产党宣言》面世，英国通过了第一部《公共卫生法案》，萨克雷的《名利场》问世以及多尼采蒂和艾米莉·勃朗特双双去世。当然，这一年也是整个欧洲陷入动荡的革命之年。

法国的路易·菲利浦政权被工人起义推翻之后，维也纳的学生发起革命，迫使梅特涅流亡英国。40年来，梅特涅一直捍卫奥地利的垄断政权。紧接着，威尼斯人在律师丹尼尔·马宁的领导下发动和平政变，宣布成立共和国。与此同时，米兰人袭击了执政官的寝宫，并在随后的几天内，在街上安设了近1700个路障，用瓶子、瓦片、铺路石和各式各样的奇怪武器攻击奥地利军队，保卫自己。在皮埃蒙特国王卡洛·阿尔贝托的调停下，这场光荣的辛克·乔尔纳特起义结束，以拉德斯基为首的奥地利军队被迫从米兰撤退。

威尔第听到起义的消息后，第一时间赶赴米兰，并于4月初抵达那里。毫无疑问，他渴望参加这场战斗，用卡洛·阿尔贝托的话来说："意大利将要自力更生。"1848年4月21日，威尔第写信给皮雅维说："我欣喜若狂。想想看：这里再也没有德国人了。"他在另一封信里写道："我的眼里只有那些了不起的街垒。所有荣誉都归于我们勇敢而无畏的胜利者们！向所有的意大利人致敬！此时此刻他们真的伟大。你可以确信，意大利的自由时代已经到来，因为人民的决心十分坚定。"

然而，起义取得第一波胜利后，紧接着就出现了大范围的政治混乱，造成混乱的原因之一是通信缓慢。（虽然电报在1848年就被发明出来，但是还没有被广泛地使用，因此，骑马的信使和邮车是传递消息的最快方式。罗兰·希尔在1840年将"便士邮政"引入英国，但是在欧洲大陆上，信件却以蜗牛爬行般的速度被递送：从米兰到巴黎需要5天；从威尼斯到伦敦则需要12天。）阿尔贝托和皮埃蒙特人当然希望米兰和伦巴第归顺他们，但这个提议被包括曼佐尼在内的城市领导人们严词拒绝。让马志尼（Mazzini）和威尔第等共和党人大为恼火的是，这些城市领导人们竟然在犹豫是否要效仿威尼斯，成立共和国。威尔第在给皮雅维的信中写道："要摒弃一切的城市论，如果所有人同心同德，伸出兄弟之手，那么意大利将会是这世界上第一个成立的国家。"4月29日，教皇庇护九世发表了他的《分配书》，拒绝支持对奥地利作战，迅速取得全面胜利的希望化为泡影。5月底，威尔第看到共和事业的前途十分渺茫，便回到巴黎；在此之前，他卖掉了勒朗科尔的一处小农场，他曾在那儿安顿过他的父母，并买下了布塞托附近的一处农场作为他自己的住处，直到今天那儿仍是威尔第家族的产业。

　　革命活动使巴黎的一切陷入混乱：商业和工业停滞不前；失业者把香榭丽舍大道变成了一个玩杂耍、耍杂技、算命、销售专利药品的游乐园，来娱乐那些对法兰西共和国日益失望的民众们。威尔第与朱塞佩娜在巴黎重聚，他们亲眼目睹了骇人听闻的"六月事件"——"红色共和党人"向温和派发起攻击，并在路障处屠杀了许多温和党人。《伦敦新闻画报》在1848年7月记录了这一事件："在这场斗争中，上演了许多恐怖事件，其中女人砍掉了许多温和派人士的头，并把它们挂在街垒的一端。这些人在革命的风暴中丧失了生命。"

巴黎大主教试图对巴士底广场上的叛乱分子晓之以理，却被人从身后袭击，射中腰部，在被疼痛折磨24小时后死去。国民议会授权给卡瓦尼亚克将军镇压叛乱，然而他的手段极其野蛮。库尔萨战役失败后，威尔第在向卡瓦尼亚克将军请求法国给阿尔贝托提供军事援助的书信上签名。由于上书被驳回，卡洛·阿尔贝托与拉德斯基签署了《萨拉斯科停战协定》。难民从米兰涌出，其中有逃往瑞士的玛菲伯爵夫人和前往卢加诺的马志尼。1848年10月，威尔第寄给马志尼一首爱国赞歌《号角吹响》（*Sound the trumpet*），它取用了戈弗雷多·马梅利的诗词。马志尼希望它能成为意大利的《马赛曲》（*Marseillaise*），威尔第希望它"很快能在充斥着大炮轰鸣声的伦巴第平原上唱响"。不幸的是，这两种愿景都没有实现，因为威尔第——这位最能代表意大利抱负的作曲家，并不适合为他深爱的祖国写一首国歌。

由于圣卡罗剧院的一次管理层变动免除威尔第为那不勒斯再写一部歌剧的合同，他开始考虑与卡玛拉诺携手创作一部独具一格的民族主义歌剧。剧本是在约瑟夫·梅里的《图卢兹的巴塔耶》（*La bataille de Toulouse*）基础上改编而成，它叙述了伦巴第联盟在1176年击败神圣罗马帝国皇帝、德国国王费里德利希·巴巴罗沙的故事。这类剧本显然通不过那不勒斯审查机构的严格审查。1849年1月27日，在嘉年华的节日气氛中，《莱尼亚诺战役》（*The Battle of Legnano*）在罗马的阿根廷剧院初次上演。两周后，新成立的议会宣布成立罗马共和国，皮奥在他的首席大臣被谋杀后，逃亡到两西西里王国。在《莱尼亚诺战役》的尾声部分，"为祖国献身的人灵魂无罪"一句不断地重复，成功地激起了民众们高涨的情绪。观众在观看演出时，佩戴共和党的帽徽，挥舞横幅，投掷彩条，与合唱队齐声高歌。据说，舞台上英雄为了加入战斗而从阳台纵身一

《莱尼亚诺战役》乐谱原件的封面页

跃跳进护城河的这一幕深深地感染了观众席上的一名士
兵，他竟然从走廊跳进了乐池。一位当代评论家宣称：
"威尔第之所以远离传统，是因为他认为他的精神需要
自由，就像意大利需要独立一样。"然而，作为一部作
品，《莱尼亚诺战役》未能逃脱外界强加给它的污名。
虽然威尔第认为它是一部佳作，并以不同的形式呈现
它，但是它仍受到审查官们的批评。

威尔第在罗马参加完《莱尼亚诺战役》的首演，不

罗马的阿根廷剧院，《莱尼亚诺战役》的首演地

久便回到了巴黎，与朱塞佩娜团聚。他盼望尽快地回到
意大利，履行他对皮雅维的承诺。威尼斯当时四面被
困，皮雅维留在那儿充当"平民兵"。意大利的军事投
入直线下降：卡洛·阿尔贝托宣布停战，但由于他在诺
瓦拉战役中被拉多茨基击败，被迫退位；罗马共和国被
推翻，教皇的势力被法军恢复；加里波第史诗般地撤退
到威尼斯，不料威尼斯却在一次围攻中沦陷。共和党人
的希望之火熄灭了，然而这一切不会持续很久，正如
马宁离开威尼斯时，对威尼斯人宣称地那样："我们已
经播下了好的种子：它必将在好土里生根发芽，结出

硕果。"

也许是不满法国对罗马的干涉，也许是希望远离巴黎的霍乱疫情，威尔第离开巴黎，回到布塞托。在奥兰蒂宫，他完成了他的下一部歌剧《路易莎·米勒》（*Luisa Miller*）；朱塞佩娜把11岁的卡米里诺送去佛罗伦萨。1849年9月，她写信给威尔第说："再会了，我的喜乐。我多么地希望此时可以飞到你的身边。"最终，她去了布塞托，然而她的到来令当地人愤慨不已。在接下来的许多年里，朱塞佩娜一直是流言蜚语的中心。除此以外，她一直受到小镇居民的冷言冷语和排斥。她和她的情人威尔第很少和外界联络，这反映了他对舆论的固执态度。他曾对那不勒斯剧院的经理弗罗塔坦然相告：

我必须承认现在的我更像一只熊了。过去的六年里，我一直忙忙碌碌，从一个国家辗转到另一个国家。我从未对记者说过只言片语，从未乞求过任何一位朋友的帮助，也从未跟在富人的身后来博取成功。从来没有！绝对没有！我鄙视这些手段。我尽我所能地写好我的歌剧，丝毫不干涉别人的说法，至于其他，一切顺其自然。

由于威尔第没有根据席勒的戏剧《阴谋与爱情》（*Kabale und Liebe*）改编剧本，管理层威胁要监禁他。顾名思义，它是一个关于阴谋与爱情的故事。《路易莎·米勒》是一部承前启后的作品：前两幕采用了贝里

《路易莎·米勒》乐谱原件的封面

尼和多尼采蒂时代的惯用手法，由吟诵连接固定片段。
第三幕连贯性则更强，表现出一种前所未有的温润而亲
密的音乐质感。

　　威尔第10月底交完稿后（肖邦恰巧在那个月去
世），和巴列兹一起前往那不勒斯度假。他们游览了包
括卡普里岛在内的所有岛屿，以及庞贝、维苏威和赫库
兰尼姆等陆上旅游景点。塞缪尔·罗杰斯在他1814至
1821年间的意大利语日记中，生动地描述了他在同一地
方旅行的所见所感：

　　我们沿着海岸，绕过维苏威火山，向庞贝出发，丝
毫不知到前面等待我们的是什么。我们向下走了几步，
到了一处小门，恍然发现自己置身于一处旧时的公众聚
会场所中。柱廊依然屹立，上面刻着潦草的人名，以及
腾空的红色马蹄。我们继续前行，经过剧院、教堂、寺
庙、街巷，三条火山岩铺成的马路在喷泉旁的药房门口
交汇。我们站在油店和磨坊的旁边，环顾这座古城，丝
毫没有感到诧异或是悲伤。……维苏威火山下的废墟如

同堆在狮穴口的骨头。然而，狮子在里面不只是睡觉，还在睡梦中咆哮——熔岩街、车轮轨道、踏石，还有刻在神庙石柱上的名字和数字、破损的台阶、路边的石凳、装在门上移动铰链的铁钩、石台和油铺里的土罐。

这位勇敢的游客还骑着一头小马驹上了维苏威火山。在途中，他注意到了在岩石上晒太阳的蜥蜴和"形似小鸟的蝉飞过小路"。最后，他们徒步朝顶峰攀登，直到他们站在"黑色硫磺火山口"的边缘：

巨大的响声一阵接着一阵，时断时续（长时间的安静更令人害怕）。有时候，响声深厚而空洞，像大水匐匐翻腾；有时候，响声变得尖利和刺耳；还有的时候，它像深山之中响起的炮炸声和洪雷声。响声结束后，火山口立刻涌出大量的物质，主要是红色滚烫的岩浆。绝大多数喷出物掉进了深渊，许多猛烈地撞击到山的四围，还有一些落在我的脚边和身后。天空中，红色的熔浆就像敌人扔下的炸弹，我的两个向导一直拉着我的胳

庞贝古城遗址（1855年，玛丽·埃文斯）

膊，喊道："走吧，先生。"那些烧着的煤渣落在离我
们不足1英尺的地方，它们像是从火堆里掉下来的或从
火里迸出来的……（我）在山崖上站了一会儿，一会儿
俯视赫库兰尼姆、庞贝和斯塔比亚，一会儿远眺可怕
的那不勒斯海湾（维苏威火山的西部山基几乎全在湾
内）。阳光照耀在大海和海岸上，一切是那么可爱，那
么令人愉悦，而那张可能会吞噬掉它的"火山之嘴"却
近在咫尺。在脑海中把这两者联系起来真是一件可怕而
有趣的事情。

那不勒斯的圣卡罗大剧院

　　由于与剧院管理层在报酬问题上有些争议，威尔第威胁要带上剧本，乘坐一艘法国军舰离开，以保护自己不被强行地留在那不勒斯。在1849年12月8日《路易莎·米勒》的首演中，有几处舞台布景倒塌，险些砸到威尔第。尽管如此，首演还是很成功。

　　威尔第决定与卡玛拉诺一起，为里科迪创作一部新的歌剧。他们决定绕过莎士比亚的戏剧《李尔王》《暴风雨》和《哈姆雷特》，因为"这些主题过于宏大、会耗时很久……两个委员会不停地催促我，所以我只好选择更简短的主题来完成任务"。

当李斯特在魏玛创作瓦格纳的《洛亨格林》（*Lohengrin*）时，威尔第正与皮雅维合作，而非卡玛拉诺。他们很快完成了《斯蒂费利奥》（*Stiffelio*），它改编自一部法国戏剧，讲述了一位牧师的妻子因深陷婚外情而想与丈夫离婚，却最终被丈夫原谅的故事。然而，

的里雅斯特的庞贝大剧场——《海盗》和《斯蒂费利奥》的首演地（A.H.佩恩雕刻，玛丽·埃文斯）

意大利观众不习惯神职人员结婚，更别提离婚了；除此以外，他们想不通为什么一个被带"绿帽子"的丈夫不去实施报复……对意大利观众来说，这样的故事是难以理解的。因此，当里科迪决定在里雅斯特举行该剧的首演时，剧本审查遇到了相当大的麻烦。最终，在剧本做了大幅修改后，《斯蒂费利奥》得以在1850年11月16日于里雅斯特的庞贝大剧院公演。

如同在这之前的几部歌剧，《斯蒂费利奥》表明威尔第的"苦役犯年代"即将结束，他正在步入他个人创作生涯的一个新阶段。当18世纪进入后半叶时，威尔第创作出了一部新的歌剧，而这部歌剧将成为他个人事业、意大利歌剧史以及音乐史上的重大转折点。

第
五
章

来之不易的成功

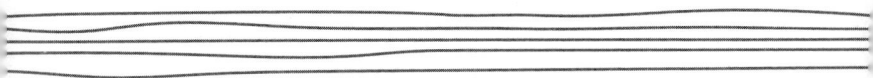

他为他深爱的我们哭泣。

——邓南遮

威尼斯是一座建在岛屿上的城市，因此它散发着一种独特的性格和魅力。几个世纪以来，这个"最宁静的共和国"一直是重要的贸易中心。贸易给它带来了巨大的财富，而这笔财富被用来建造一座拥有诸多宏伟建筑林立的威尼斯城，一座收藏了欧洲最精美艺术珍品的威尼斯城。然而，时代变了。第一座连接威尼斯和欧洲大陆的大桥于1846年开通，威尼斯—维琴察铁路就铺设在上面。这条铁路不仅刺激了威尼斯的经济，也深刻地改变了这个城市的生活方式。在此之前，威尼斯是一个完全依赖水上交通的城市。当奥地利军队围攻丹尼尔·马

华丽的威尼斯墙纸装饰圣米歇尔岛，卢卡［约翰·罗斯金的《威尼斯之石》第二卷（1851年，奥尔平顿）］

宁领导下的威尼斯共和国时，这座桥的一大部分被故意毁坏。尽管迫于大炮的轮番轰炸，马宁在1849年8月最终宣布投降。然而，威尼斯的那弥足珍贵的魅丽和辉煌依然被保存了下来。1851年和1853年出版的约翰·罗斯金的三卷著作《威尼斯之石》（*The Stone of Venice*）展现了这一历史变迁。

威尔第的下一部歌剧《弄臣》定在威尼斯的凤凰剧院上演。早在《斯蒂费利奥》完成之前，他就和皮雅维选中了维克多·雨果的剧本《国王寻乐》。1850年5月，他给作者写了一封热情洋溢的信：

《国王寻乐》是当代最伟大的主题，或许也是最伟大的剧本。弄臣特里布莱是一个可以与莎士比亚笔下人

1849年，奥地利炮轰威尼斯（玛丽·埃文斯）

137

物相媲美的形象！……纷繁多样的主题如同一道道闪电在我的头脑中闪过。一种灵感向我袭来。我自言自语道："是的，就是它，绝对不会错的！"《弄臣》里的国王弗朗索瓦一世是一个放荡不羁的浪子。

这种皇权形象在革命年代得不到当局的支持（无论它是多么的真实），因此，1832年这出戏在巴黎法兰西剧院演出，引起了极大的轰动。在此后的50年里，它没有在法国再上演过。

考虑到意大利严格的审查制度，威尔第指示皮雅维"在城市里四处奔走，寻找有影响力的人物"去审批他的剧本。在得到皮雅维一切都顺利的保证后，威尔第开始在脑海里勾画作品的轮廓。剧本在10月前完成，然而，威尔第在12月初却意外地收到了一封来自凤凰剧院总裁马尔察里的官方信件，大意是：

军方州长骑士戈茨罗威格阁下吩咐我向你表达他深深的惋惜之情。诗人皮雅维和著名的音乐大师威尔第竟以令人作呕的堕落和淫秽琐事来构成《诅咒》这一故事，他们的才华当另有他表。对于你们申请此剧在凤凰剧院上演的事，戈茨罗威格阁下已决定绝对禁止，并希望我转告你不要再就此事进行申诉。

　　幸运的是，一切尚未尘埃落定。他们与审查办公室交涉了一个月，直到主要的违规部分——一个堕落的在位君主——被删除，剧本才得以通过。与此同时，故事的背景被重新设定在曼图亚，所有的角色也被重新命

《弄臣》乐谱原件的封面页

威尔第在《弄臣》第二幕的咏叹调手稿上的签名（G.理查德公司）

名。故此，雨果的特里布埃（Triboulet）变成了弄臣。
其中，审查官对一个驼背的弄臣存有异议，但威尔第在
1850年12月14日的一封信中对此进行了辩护：

为什么不可以有一个喜爱唱歌的驼背呢？为什么不
可以呢？我想，一位外形极其扭曲，性格奇怪荒谬，内
心却充满激情和爱的人物具有一种美感。我之所以选择
这个主题，正是因为这些人物的特质和他们的原始特
性。如果它们被拿去，我无法完成这出歌剧。

不过，为了弱化公爵的放荡不羁，剧本还是做了一
些改动。但是，威尔第坚持认为公爵必须被刻画成一个
浪荡子，他因引诱臣民的女儿而受到诅咒，因为"没有
这个诅咒，这部剧还有什么意义"？

威尔第和皮雅维使咒诅成为全剧的中心，这也是最
初命名为《诅咒》的原因。老蒙特罗内伯爵对公爵和他
的弄臣黎格莱托实施了诅咒，因为黎格莱托怂恿公爵色
诱老伯爵的女儿。黎格莱托的掌上明珠吉尔达被他父

亲蛊惑的公爵诱惑时，诅咒开始应验。当黎格莱托密谋杀死公爵时，诅咒开始变本加厉。该剧在驼背黎格莱托发现他女儿的尸体被装在麻袋里，绝望地呼喊"啊！咒诅！"声中落幕。当黎格莱托带着对吉尔达温柔爱意，歌唱咏叹调《卡罗·诺姆》（"心爱的名字"）时，阴森恐怖的氛围更加强烈。

威尔第在第三幕中抛开了歌剧创作的惯例，以场景而非咏叹调作为剧本的重要单元，创作了一种新的音乐结构。虽然这种改变是威尔第无意识的创新之举，但它却使这部作品名列他的最佳作品中。通过运用丰富的管弦乐动机，二重唱和宣叙调中的咏叹调，威尔第赋予每一个场景强烈的艺术表现力，尤其是要凸显旅馆的肮脏和暴风雨的猛烈。再比如，著名的《女人善变》（*La donna è mobile*）中公爵洋洋得意、无足轻重（但却令人难忘）的曲调凸显了他浅薄而无情的本性；而在接下来的著名的四重唱里，每个角色都清晰地保留了他或她自己的身份和情感，组成了严密的合奏。

直到1851年3月1日（《弄臣》的既定公演日期前的
四个星期），该剧才获批。尽管评论家们无法就它的新
颖性达成共识，它仍是一个巨大的成功。作为歌剧史上
一座令人瞩目的里程碑，《弄臣》是一部久盛不衰的歌
剧。正如威尔第评论道："就戏剧效果而言，《弄臣》是
我所有歌剧中最佳的一个主题。它具有强大的情境，情
节富有变化、充满刺激又令人感伤。"罗西尼在聆听完
《弄臣》后，惊呼说："这其中的音乐终于让我认识到了
威尔第的天赋。"

此后不久，威尔第和朱塞佩娜一起搬进了"我们的
乡间别墅"——位于圣阿加塔的一处农舍。他们深居简
出，不关心布塞托，也不与外界联系，一起商议规划房
子四围的花园。然而不久，朱塞佩娜伤心地说，"她的
花园"变成了"威尔第的花园"，因为他越来越喜欢做
农活。他们种了树和灌木，布置了一个别致的花园。穿
过花园，就可以走到田间。威尔第监督他手下三个佃农
的工作，严格记录酒、玉米、干草、肥料、面粉、盐和

威尔第在圣阿加塔的住所

牲畜的交易。在他们搬到圣阿加塔的第18个月后，家里一共养了4只公牛、17只奶牛、10只小公牛、11只小牛犊和6只公羊。

虽然威尔第一直供应他父母的生活，但父子之间仍有些摩擦。1851年1月，作曲家先生不得不给布塞托的公证人埃尔科拉诺·巴雷斯特拉博士写信，明确表示他的父亲不负责管理地产。"无论在家庭事务还是生意管理上，我都打算与父亲划清界线……对外界来说，卡尔洛·威尔第是一回事，朱塞佩·威尔第则是另

一回事。"6月28日，威尔第的母亲离开人世，他悲痛
欲绝。

朱塞佩娜将她多年的歌唱收入和教学所得投资到佛
罗伦萨的一家企业里。她一直有自己独立的账户，其中
的存款也被她慷慨地捐赠给多家慈善机构。她是威尔第
的贤内助。毫无疑问，他们之间的感情非常深厚，这从
她写给离家去筹备《吟游诗人》和《茶花女》首演的威
尔第的情书便可略知一二。1853年1月，朱塞佩娜独自
留在里窝那时，她写道：

我承认自己很脆弱，但对我来说，这种分离比任何
事情都令我痛苦。离开你，我只是一个没有灵魂的躯
壳。与那些相信"小别胜新婚"的人不同（我想你也一
样），我愿与你长相厮守，永不厌倦，永不分开。在过
去的很长一段时间里，我们分秒共度，片刻也不分离，
这让我更加强烈地感受到这离别之苦，虽然你让我确信
我们只是短暂地分开。

朱塞佩娜的身体很虚弱，所以威尔第想让她远离首演前的种种混乱。在那段时间里，威尔第像往常一样，指挥排练，与管理层协商一系列的细节问题，同时完成作曲。无论如何，朱塞佩娜渴望回到圣阿加塔的宁静时光中去。她缩在房间角落里的一把扶手椅上，看他作曲，并时不时地评论几句："这一段很美"——"那一段不好"——"停"——"那句再来一遍"——"那一部分是新的。"

无法和威尔第拥有自己的孩子，令朱塞佩娜悲痛不已。"也许是我犯了罪，上帝要惩罚我们。上帝要剥夺我这一生本该拥有的快乐。"除此以外，她还害怕威尔第婚外生子。事实上，威尔第与皮雅维在威尼斯执导歌剧《弄臣》的那段时间里，确实和一位叫"天使"的女人互生暧昧。后来那个女人写信给威尔第，提议要去拜访他。因为皮雅维生性风流浪荡，朱塞佩娜称之为"大恶魔"，并让威尔第转告他"他和他的狐朋狗友总是沆瀣一气"。这并非朱塞佩娜最后一次质疑威尔第与其他女人的关系。

　　不能回避的疑问是：在1859年威尔第和朱塞佩娜进
入婚姻之前，他们为什么要长期地同居？他们为什么不
选择早十年结婚，以避免公众的敌意和丑闻的风险？由
于缺少直接的证据，所有的答案都是推测。朱塞佩娜和
一位佛罗伦萨朋友说过，威尔第在玛格丽特临终前，发
誓永不会再婚，但这无据可考。一些作家认为，威尔第
不坚定的信仰可能是他进入神圣婚姻的障碍（可是，他
选择在教堂举行他和玛格丽特，以及他和朱塞佩娜的结
婚典礼）；还有人说，在第一任妻子死后，威尔第迷信

威尔第在圣阿加塔的庄园

地认为他的任何一位妻子都会离他而去。然而，大多数人都忽略了一个更具可能性的解释：那就是威尔第和朱塞佩娜都想先认定彼此，再进入婚姻。第一段婚姻戛然而止，令威尔第痛不欲生；朱塞佩娜之前被莫里亚尼虐待过，因此她倾向于在选择伴侣的事上三思而后行。或许在经历了种种的失败后，她觉得自己配不上"她的威尔第"。

不管怎样，威尔第和朱塞佩娜都认为这是他们的私事。因此，当威尔第的"父亲"安东尼奥·巴列兹（仅

处于事业初期的斯特丽波妮（1835年，的里雅斯特）

仅不是名义上的）建议他们要合法地进入婚姻时，他和
威尔第的关系差点破裂。巴列兹的信没有保存下来，但
威尔第在1852年1月21日给他的回信众所周知：

　　我最亲爱的岳父：等了那么久，我从未想过会收到
您如此冰冷而令我压抑的信。如果我没记错的话，您在
信里还写了许多伤害我的话。如果这封信没有您安东尼
奥·巴列兹的署名（我以您为我的恩人），我可能会写
一封措辞强硬的回信，或者压根不回信。然而，既然这
封信是来自那位我素来认为有责任去尊重的人，我就尽
我所能来说服您，我不应该受到这样的责备。

　　事实上，在这封信里，威尔第没有透露任何的消
息。他的信堪称高超说话艺术的典范——说了很多的
话，却什么也没说：

　　在我的房子里住着一位自由而独立的女士，她和我
一样，喜欢独处。她有一笔足以满足她一切需要的财

斯特丽波妮半身像［1845年，P.泰勒阿尼雕刻（圣阿加塔威尔第别墅）］

富。我和她都没有义务向他人解释我们的行为。有谁知
道我们之间的关系呢？什么感情？什么纽带？我们对彼
此有什么权利呢？有谁知道她是不是我的妻子呢？不
过，我得告诉您：在我的家里，她应当受到和我同等的
尊重，甚至更多。任何人都不允许以任何理由忘记这一
点。最后，她习惯性地给予他人关爱，基于她富有爱心

的行为和个性，她完全有权利得到关爱。

显然，巴列兹接受了威尔第的责备或者解释，因为
当巴黎歌剧院的经理里昂在第二年夏天到圣阿加塔，向

忧伤中的威尔第（1845年）

威尔第面呈"法国荣誉军团勋章"时，巴列兹也在场。他抓住一切机会，双眼噙泪地赞誉他的这位得意门生。"大师威尔第已经绝望，他不想再挣扎，放弃了让巴列兹安静的所有努力。"授勋仪式一结束，巴列兹就恳求威尔第把勋章借给他，然后匆匆地赶回布塞托，四处炫耀。

无论当地居民如何看待威尔第的私生活，他与朱塞佩娜在圣阿加塔的那段宁静、不被打扰的生活大大地激发了他的创造力。从1851年到1852年冬天搬到巴黎之前，他全身心地创作《游吟诗人》。就在《弄臣》首演的一个月后，卡玛拉诺根据安东尼奥·加西亚·古铁雷斯的戏剧《特罗瓦多》（*El Trovador*）为其创作了一个剧本大纲。如果威尔第希望继《弄臣》之后，再创作出一部激动人心又大胆创新的歌剧来，那么杂乱无章和死板笨拙的《游吟诗人》的西班牙语原作以及卡玛拉诺的保守主义思想是对其不利的。威尔第在1851年4月4日写信给卡玛拉诺说：

卡玛拉诺是威尔第多部歌剧（包括著名的《游吟诗人》）的编剧

　　对于你是否喜欢这部剧，你只字未提。我之所以向你提议这个剧本，因为我觉得它能制造很好的戏剧效果，最重要的是，它独具一格，与众不同。如果你不同意我的观点，为什么不提出另一个计划呢？……如果在一部作品中没有独唱短曲、二重唱、三重奏、合唱、结尾曲等，而是由一个数字组成，我觉得这更合适。

威尔第建议采用另一个故事："我已经有了另一个主题，简单、细腻，几乎是现成的——你可能会这样说。"有人说这是《茶花女》，但这似乎不太可能。"不管怎样，卡玛拉诺决定坚持《游吟诗人》。

威尔第在3月回到布塞托后，一边等待卡玛拉诺的剧本，一边与皮雅维通信，讨论他们同意为1853年凤凰剧院狂欢节创作的歌剧。然而，就在7月，他在一张"愚蠢的戏剧报纸"上读到了卡玛拉诺离世的消息。威尔第惊愕万分，因为他不仅失去了一位剧作家，而且还失去了一位挚友。当他听说卡玛拉诺的遗孀手头有点拮据时，就支付了她600达科特（而不是约定好的500）。卡玛拉诺差不多已经写好了整个脚本，但是威尔第的那不勒斯朋友凯撒·德·桑克蒂斯安排了一位年轻的诗人利昂·巴尔达列来完成它，特别是根据威尔第的要求完成了鲁那的角色部分。

现今的观众觉得《游吟诗人》某些部分难以理解，这主要是原作本身的问题。原作将大部分的行动设定在舞台后或场景之间，因此歌剧的第一幕全是一个士兵讲述他同伴的"迄今为止的故事"。夸张的情节剧在那个浪漫主义时代非常受欢迎，同时暴力和突然死亡是意大利人生活的一部分。因此，那个时代的观众不会像今天的观众那样，认为阿苏切娜把一个婴儿扔进火里（即使它是处于偶然的错误想法）是荒谬的。虽然这部歌剧充满了美妙的旋律，但是令这部歌剧真正与众不同的是吉卜赛人阿苏切娜的性格。

威尔第认为整部歌剧的核心是阿苏切娜在母爱和爱母的双重情感中挣扎。他曾对卡玛拉诺强调"这个女人身上有两种伟大的激情：她对曼里柯的爱（她已经把他当亲生儿子抚养成人）和她要为母亲报仇的强烈欲望（母亲被鲁那公爵烧死在火刑柱上）。曼里柯死后，复仇的快感淹没了她，在极大的痛苦中，她（向处死曼里柯的鲁那公爵）哭喊道：'是的，他是你的哥哥……蠢蛋！……妈妈，你的仇报了！'"

在威尔第与那不勒斯圣卡罗剧院协商失败后，《游

罗马阿波罗歌剧院的内景（博纳莫绘）

吟诗人》的首演被安排在罗马的阿波罗剧院里举行。

　　法军在1850年4月恢复皮奥·诺诺政权后，长期占

领罗马。历史学家路易吉·卡洛·法里尼在1852年12月

写给格莱斯顿的信中，客观地表达了他对罗马的看法，

当时法军在罗马强制执行宗教统治：

　　经济已经被彻底地摧毁，商业和交通极度低迷，走

私活动开始死灰复燃……政府强制征收大量的税费，却

没有任何的规则或标准。公共安全和个人安全无法保
障。权威丧失道德。没有军队，没有铁路，没有电报，
学校停学；没有自由，没有恢复平静生活的可能。两支
外国军队，一种永久的围困状态，以及残暴的报复行
为，派系之间的愤怒，民众的不满，这就是今天的教皇
政府。

　　威尔第抵达罗马后，白天排练《游吟诗人》，晚上
在自己的房间里创作《茶花女》。高强度的工作致使他

1850年4月12日，教皇庇护九世返回罗马（玛丽·埃文斯）

的喉炎和胳膊上的风湿复发。在1853年1月19日《游吟诗人》首演之夜里，观众们反应热烈，甚至第三幕的尾声和第四幕演出了两次。很快，它在整个欧洲和世界上的许多其他地方上演。木桶风琴和街头乐队开始演奏剧中的许多音乐片段，包括阿苏切娜的咏叹调《火焰在燃烧》和最后一幕的《怜悯那些声音》。威尔第同时代的一些批评家抱怨说，威尔第写的音乐超出了歌手们的演唱能力（歌剧充满了颤音、高音和很多歌手难以驾驭的段落），还有一些人反对剧中暴力的思想和忧郁的情绪。然而，《米兰音乐杂志》宣称："威尔第理应获得如此辉煌的胜利，因为这部歌剧充满了'天籁般的'音乐。"

威尔第从罗马回到布塞托后，得知他父亲患了重病，并且穆齐奥已经去了布鲁塞尔，在一家意大利剧院担任指挥的消息。那些留在圣阿加塔的人已习惯了生活中的这些小变化，因为那儿的建筑不停地被改建或增建。朱塞佩娜曾写信给克拉丽娜·玛菲说："我无法向你

表述在改建房子的时候，我得多么频繁地把床、衣柜和
家具从一个房间挪到另一个房间。除了厨房、地窖和马
厩外，我们在房子的任何一个角落都睡过觉，吃过饭，
这就足以说明一切了。"

　　在《茶花女》公演前的那段短暂时期里，威尔第把
他所有的精力都投入到这部歌剧的创作中，直到某个政
治动向转移了他的注意力。2月6日，马志尼组织了一次

朱塞佩·马志尼（1805—1872）是意大利复兴运动的杰出人物。有人说他的哲学"不仅仅具
有政治性，还具有深刻的社会性，旨在实现在宗教和道德基础上的人类救赎、自由和正义"
（G.卡斯塔罗拉绘）

罗西娜·彭科（1823—1894）是《游吟诗人》列奥诺拉的首位扮演者

企图夺取一个被12000个奥地利人占领的米兰要塞。事实证明，这根本就是一场灾难性的行动，因为他领导的秘密社团中的许多成员没有在当天出现，公众也没有回应他要全面复兴意大利的呼吁。奥地利对米兰实施疯狂的报复。由于大多数共和党人意识到这类起义将会一事无成，便开始团结起来，支持皮埃蒙特人维克托·伊曼纽尔领导的意大利统一运动。皮埃蒙特是当时意大利北部的唯一一个独立于奥地利的地区。这起事件没有给威尔第造成损失，可是，穆齐奥就没那么幸运了。他的歌剧《克劳迪娅》（*Claudia*）原定在起义后的第二天，于米兰的蒂特罗·卡卡诺剧院上演。不料，奥地利在起义后关闭了米兰的各大剧院。

1851年底到1852年初的那个冬天，威尔第在巴黎观看了《茶花女》的演出，深受震撼。然而，直到1852年底，他才决定以它作为他下一部歌剧的故事内容。小仲马笔下的中心人物玛格丽特·戈蒂埃是以著名的巴黎交际花玛丽·杜普莱西丝为原型。玛丽一直和小仲马、李斯特以及其他一些人有很深的交情，直到1847年4月

161

玛丽·杜普莱西丝（1824—1847），李斯特曾提到过的一个妓女："当我一想起她的时候，一种莫名而古怪的哀愁就在我的心里颤动。"

《茶花女》中描绘的聚会场景（1835年，A.赫维奥蚀刻）（摘自弗朗西斯·特罗洛普的《巴黎和巴黎人》第二卷，伦敦，1836年）

去世，年仅23岁。

在小说中，玛格丽特·戈蒂埃被称为"茶花女"，

162

威尔第（1853年）

因为除了每个月戴红茶花的那5天，其他时间她都戴白茶花。在她答应阿尔芒做他的情妇后，她送给他一朵红色的小茶花，并嘱咐说如果她重新戴上了白茶花，他就回来找她，因为"你不可能在签完协议的当天就履行协议"。正如朱利安·巴顿所说："法国人擅长用一种微妙的方式来表达粗俗的现实生活。"然而，这些真实的细节在小仲马的戏剧和威尔第的歌剧中都消失不见了。这位"德米-蒙德夫人"（小仲马自己发明的一个术语，用来描述那些时髦但不受欢迎的情妇）在威尔第的歌剧中，变成了维奥莱塔。她离开了巴黎逍遥快活的社交生活，和年轻的阿尔弗雷多·格蒙特一起住在乡下，直到阿尔弗雷多的父亲在他儿子不知情的情况下让她错信她正在毁掉阿尔弗雷多和他妹妹的生活。在维奥莱塔身患肺病，快要离世的时候，阿尔弗雷多及时地得知了她背弃他的真正原因，并前去与她团聚。毫无疑问，维奥莱塔一定让威尔第联想到了玛格丽特的早逝和朱塞佩娜的前半生。

威尔第和皮雅维采用《茶花女》这样一个不光彩的主题，勇气可嘉。为了淡化这部歌剧的时代性，演员们在早期的演出中身穿路易十四时期的服装，这样的安排让整个情节失去意义。经理拉西纳在1853年1月1日的备忘录中，清楚地记录了威尔第反对这个安排："艺术大师威尔第先生希望、要求和请求他的歌剧《茶花女》应该穿当代的服装。"威尔第后来极其不情愿地同意将故事时间推前，他还坚决反对女高音范妮·萨尔维尼·多纳泰利扮演维奥莱塔。皮雅维对剧院的管理层说："威尔第以一种久违的坚定态度，坚持茶花女的角色必须由一位年轻、优雅又富有激情的歌手演唱。"皮雅维承认他没有向威尔第提及威尼斯剧院制作水准很低的事。威尔第收到一封匿名信，建议他替换歌手，否则首演将是一场灾难。"我知道，我知道，我会证明给你看的。"威尔第绝望地说，甚至威胁要取消合同。然而，每一位歌手都替换不了。经过短短十三周的排练，《茶花女》于1853年3月6日在凤凰大剧院首演。演出结束后，威尔第还没看到评论，就写信给蒂托·里科迪："很抱歉，我要告诉你一个不幸的消息，但我不能隐瞒真相。《茶花女》演出惨败，不要探究原因，这就是事实。再见了，再见了。""《茶花女》没有成功，是我的错误还是歌手的错误？只有时间将会说明一切。"他对担任指挥的安吉洛·马里亚尼透露，丰满的女高音范妮·萨尔维

范妮·萨尔维尼·多纳泰利塑造了《茶花女》中维奥莱塔的角色，她矮胖的身材与美丽迷人的原型玛丽·杜普莱西丝形成了鲜明的对比（A. 贝迪特雕刻）

尼·多纳泰利试图去让观众相信她是一个将要死于肺病的女士，这令人啼笑皆非。然而，多纳泰利却比其他歌手得到了更多的掌声。相对而言，评论家们更加谨慎公正，在这部歌剧没有被更好地呈现以前，有些评论家保留了自己的意见。一年多后，由小提琴手变身经理的安东尼诺·加里在威尼斯规模较小的圣贝尼代托剧院再次

上演《茶花女》。很快，这部剧成为当时最受欢迎的歌
剧，并在意大利和欧洲各地演出。这一次年轻漂亮的玛
丽亚·斯佩齐亚扮演维奥莱塔，她的身体十分虚弱以至
于早先在演出《两个福斯卡里》时，皮雅维就非常关心
她的健康。

　　《茶花女》无疑是威尔第最杰出的成就之一，也是
世界上最受欢迎的歌剧之一。该剧的家庭主题与作曲家
的个人生活紧密相关，因此他能够创作出旋律丰富而令

167

《茶花女》的最后一幕（乐谱原件的封面页）

巴黎歌剧院的内景（玛丽·埃文斯）

拿破仑三世重建巴黎时，在布洛涅森林里新挖的湖

人难忘的音乐。剧中的每一个角色都被刻画得入木三分，最重要的是，整部作品连贯而统一。

威尔第在《茶花女》首演后，写信给玛菲伯爵夫人说："人们说这部歌剧太悲伤了，太多的死亡。但是，死亡毕竟是生命的全部啊。还有什么呢？"威尔第创作中期的三部歌剧都充满了忧郁和恐怖、暴力和仇恨、绝望和死亡。当时他的个人生活很幸福，人们原以为他会思考一种更光明的人生哲学。

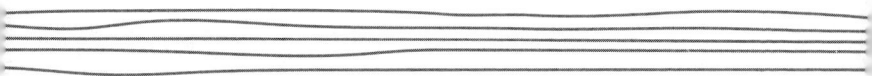

PART 6

Movement

第
六
章 /

意大利万岁！

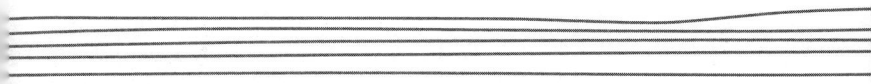

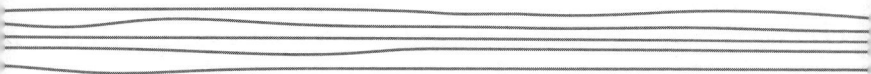

我是人民的儿子，这比世界上的任何头衔都更令我
自豪！

　　　　　　　　　　　　　　　　　　——加里波第

　　在1853年的春夏两季，威尔第沉浸在乡村和农事
中。他天一亮就起床，走进树林和田野、农民和牲畜中
去。尽管他对农事和经营庄
园越来越感兴趣，但他从未
忘记创作，整个夏天他都和
威尼斯剧作家安东尼奥·索
玛通信，讨论《李尔王》的
剧本。经过细致的讨论，索
玛创作出《李尔王》剧本，

《假面舞会》的编剧安东尼奥·索玛

拿破仑三世和欧仁妮皇后在英国进行国事访问期间，拜访温莎城堡（1855年4月，玛丽·埃文斯）

并拿到了一定的报酬，与此同时，威尔第开始为巴黎大剧院制作《西西里的晚祷》（*The Sicilian Vespers*）。

威尔第和朱塞佩娜计划去那不勒斯过冬，于是威尔第一过完40岁生日，他们就去了巴黎。拿破仑三世通过重组工业、银行和交通，把法兰西第二帝国带进了工业时代;在他所有的计划中，最引人注目的也许是重建首都。巴黎的许多街角都竖起了木制高塔，用于测量员测量城市和绘制地图。报纸上刊登了展示高塔可能用途的卡通图画：走钢丝的人行走于高塔之间传递信息，大炮将测量者发射到塔顶。

　　威尔第开始集中精力创作《西西里的晚祷》。自
《游吟诗人》起，威尔第发展了一种情节紧凑且发展
迅速的戏剧形式。其中，人物刻画至关重要，这与传
统巴黎歌剧的"大歌剧院风格"截然不同。"大歌剧
院风格"多半是五幕结构，芭蕾舞必不可少，有大规
模的合唱、豪华的布景和效果、华丽的服装和富丽堂
皇的表演。主要的倡导者有梅耶贝尔以及他的编剧尤

贾科莫·梅耶贝尔（1791—1864）

金·史克里布。法国大歌剧十分宏大，例如，代表歌剧《胡格诺派教徒》（*Les Huguenots*）涵盖了在河里沐浴的女士们跳芭蕾舞以及整幕大屠杀等诸多场景；在罗伯特·勒·戴布尔的剧里，放荡的修女们在墓地里翩翩起舞。难怪威尔第评论道："表演一部作品就足以累死一头牛！要演出5小时。"他的本意是借鉴法国歌剧传统中的精华，要求斯克利布"写一个波澜壮阔、充满激情和原创的主题，一个令人难忘的场景"。

比威尔第年长22岁的斯克利布创作过不计其数的畅销剧本，因而极其地富有。斯克利布将他曾为多尼采蒂创作却未上演的戏剧脚本《阿尔伯公爵》（*Le Duc d'Albe*）改编成《西西里的晚祷》。他在信中多次声明作曲家知道这件事，但是当两个剧本的相似性曝光后，威尔第依然非常地惊讶。《西西里的晚祷》基于1282年的一场大屠杀：巴勒摩的居民在教堂响起晚祷钟声的时候，屠杀了法国占领军。这部歌剧共有五幕，威尔第在创作完前四幕后，开始排演。几天后，首席女高音歌唱

家索菲·克鲁维利无缘无故地突然消失，一时间，猜测
满天飞。威尔第想放弃《西西里的晚祷》的排演，回意
大利继续创作《李尔王》。正在这时，克鲁维利回来
了，原来她是和她的情人、未来的丈夫维吉尔男爵一起
离开的。

　　在克鲁维利离开的那段时间，威尔第最深厚的一段
友情不幸地走到了尽头。阿皮亚尼夫人给在圣阿加塔的
朱塞佩娜写了一封信，收信人是"朱塞佩娜·斯特丽波

索菲·克鲁维利（1826—1907）在《西西里的晚祷》中扮演埃莱娜（A. 柯莱特绘）

妮"。这称呼在技术上没有问题，但是在1857年前，朱塞佩娜已经作为威尔第夫人，四处走动，并以"朱塞佩娜（或约瑟芬）·威尔第"署名，即使他们直到1859年才结婚。1855年的威尔第夫妇自然很期待能从故友那得到尊重和体谅，所以朱塞佩娜以个人的名义给阿皮亚尼夫人写了一封简短而友好的回信，结果是她们不再通信，友谊结束。

与此同时，威尔第和斯克利布以及剧院管理层之间的关系也逐步恶化。威尔第在1855年1月3日写信给歌剧的指挥鲁伊斯·克罗斯尼耶，抱怨剧本的一些细节问题和斯克利布的办事风格：

　　所有人都觉得第五幕单调乏味，但斯克利布怕麻烦不去修改，真是一件既令人悲哀又让人羞愧的事。我不知道斯克利布有没有许许多多比我的歌剧更让他上心的事情去做！……假如我当初知道来这里会受到如此冷漠的待遇，我会待在自己的国家里，真的，在那里我一切都很好。

具有讽刺意味的是，尽管这部歌剧在创作过程中出现了许多"插曲"，但在1855年6月13日，《西西里的晚祷》在博览会期间的首演还是取得了巨大的成功。随后，这部歌剧的演出次数达50场。受限于严格的审查制度，当这部歌剧被引进到意大利时，被冠以各种不同的名称。直到六年后，它才被赋予一个意大利语名称，即如今广为人知的《西西里的晚祷》。柏辽兹观赏该歌剧后，写道：

我没有要贬低《游吟诗人》及威尔第其他众多动人心弦的作品的意思。不可否认的是，《西西里的晚祷》的音乐表达极具穿透力，富有变化，管弦乐沉静而辽阔，洋溢着温暖的气息，富有激情的力量徐徐展开。它们是威尔第创作天赋的一个重要特征，让整部作品更加地富丽堂皇，具有一种至高无上的威严。

179

　　威尔第在巴黎待了一个夏天。8月，维多利亚女王
和阿尔伯特亲王访问巴黎时，威尔第也在那里，因为法
国皇帝曾在春天访问过伦敦和温莎城堡，女王此行是回
访。维多利亚女王在圣克卢停留了一段时间后，又数次
参观了在装有玻璃穹顶的里尔美术宫内举办的世界博览
会。游客们带着19世纪中期主流的审美品位，在安格尔
和德拉克罗伊的画作前走过，在德康、梅松尼尔和贺拉

维多利亚女王和阿尔伯特亲王1855年抵达巴黎，对法国进行国事访问

斯·贝内特的巨幅油画前流连，甚至坐下来欣赏温特哈尔特皇室那些过于美化了的画像，画像中的人和本人毫不相像。

女王非常喜爱塞夫勒的瓷器，称它们"异常华美"。炎炎夏日，女王的精力很旺盛，而随从们却很快就精疲力尽了。然而，巴黎和巴黎人民却令她高兴。她在日记中写道："一切都那么令人愉快，那么明亮，虽然天气很热，空气却是那样清新和明亮。没有了烟雾，一切都显得那么洁白和明亮。巴黎的商店、百叶窗等都镀了一层金色，制造出一种令人惊奇的辉煌效果。"

威尔第在巴黎的那段日子并不愉快，因为他卷入了一场争夺他音乐版权的纠纷之中。早期的作曲家包括罗西尼和多尼采蒂之所以创作那么多歌剧，原因之一是出版商只付给他们正本的钱，而两年后正本就成了公共财产。通信技术和印刷技术的迅速发展，使得歌剧剧本一出版便可在其他国家上演，于是，版权法以及向作曲家和出版商征收的版税也随之出台。这些法规因国而异，因此在19世纪中期，"山寨"是一个普遍的危害。

威尔第不得不两次前往伦敦，以防止《游吟诗人》未经其授权就上演。与此同时，他和巴黎意大利剧院的经理卡尔扎多谈判，因为后者威胁说，除非减少版税，否则他就使用"盗版"。最终，威尔第被迫提起诉讼，但败诉。他对他的出版商里科迪在巴黎的代理人没有维护好他的利益感到不满，于是他给里科迪写了一封冗长且用词强硬的信。尽管威尔第的不满有一定的道理（例如，《茶花女》的首次演出不顺利，威尔第随后对它做

里科迪（1811—1888）（曼卡斯托帕绘）

了修改，但是里科迪没有听威尔第的要求，仍然上演
《茶花女》的第一版），然而这一切的根本原因是作曲
家对里科迪心怀怨恨，因为出版他的作品给里科迪带来
了巨大的财富。

　　威尔第在1856年底回到圣阿加塔后，与皮雅维合
作改编《斯蒂费利奥》，并将其改名成《阿罗尔多》
（*Aroldo*）。《阿罗尔多》是一个描写英国十字军的故
事，于1857年8月在里米尼初次上演，马里亚尼担任指
挥。更重要的是，威尔第于1856年3月在威尼斯执导的
《茶花女》复演非常成功，因此他同意下个季度为这家
剧院再写一部新歌剧。他再一次选择了安东尼奥·加西
亚·古铁雷斯的剧本，和皮雅维用了10个月的时间完
成了《西蒙·波卡内格拉》（*Simon Boccanegra*）的创
作。与此同时，威尔第为了争夺版权去了一趟伦敦和巴
黎，并监督法国制作新版的《游吟诗人》。

　　身在巴黎的威尔第发现他与远在意大利的皮雅维无
法顺畅地沟通，于是请一位流亡的法学教授朱塞佩·蒙

泰尼里重写剧本的部分内容。《西蒙·波卡内格拉》讲述了一个海盗升为热那亚总督后，努力维护贵族和平民的关系，建立一个统一国家的故事。该剧在1857年3月12日的首映遭遇滑铁卢，威尔第在给玛菲伯爵夫人的信中写道："观众们对《波卡内格拉》反应的冷淡程度几乎超过《茶花女》。""我原以为我创作了一件相当不错的作品，现在看来我的判断是错的。"3月15日，《威尼斯报》上的一篇评论解释了这部歌剧未能抓住公众想象力的一些原因：

　　《西蒙·波卡内格拉》的音乐不是那种让观众瞬间就能感受到其魅力的音乐。相反，它是一部精心创作的作品，用最精湛的手法写成，需要观众细细地揣摩。人们第一次观看的时候，并没有完全领会它的魅力，于是轻率地做出了一些判断——人们表达他们判断的方式是如此尖刻、充满敌意……至少可以说是奇怪的。这种不好的观剧印象在某种程度上可能是过于沉重而严肃的音乐以及弥漫在全剧中的悲伤气氛造成的。

　　威尔第的观众期待在他的作品中能听到更丰富的旋律，而《西蒙·波卡内格拉》里却出现了多段的伴奏朗诵。事实上，对这部整体非常压抑而阴郁的歌剧而言，朗诵的比重过大。威尔第的下一部歌剧《假面舞会》（*Un ballo in maschera*）一上演，《西蒙·波卡内格拉》就从他的剧目单上消失了，直到20多年后有人说服作曲家修改这部歌剧。

185

《假面舞会》的编剧安东尼奥·索玛

杰罗拉莫·马格纳尼为1881年在斯卡拉剧院上演的修订版《西蒙·波卡内格拉》作的风景画

　　此时此刻，威尔第一边继续和索玛通信，商讨如何创作《李尔王》，一边与那不勒斯音乐评论家文琴佐·托雷利谈判，争取在以托雷利为合伙人的圣卡罗剧院上演《李尔王》。虽然托雷利曾经严厉地批评过威尔第，但是后来变成他最狂热的崇拜者之一。威尔第确信他们需要"一个真正优秀的男中音来扮演李尔王"，以及"一个用歌声去塑造角色的女高音，而不是一个善于

表演的女高音"。威尔第1857年夏天在巴黎打官司的时
候，说服了玛丽亚·皮科洛米尼担任女主角。他很满意
实力雄厚的圣卡罗歌剧院为其他角色挑选的歌手，于是
和该剧院签订了一个合同，承诺在1858年1月为其再制
作一部歌剧。

然而，由于圣卡罗剧院没有请到皮科洛米尼，所以
威尔第在是否要创作《李尔王》的事上，始终摇摆不
定，尽管托雷利在1857年9月26日乞求他说："请给我

187

女高音玛丽亚·皮科洛米尼（1834—1899）在《茶花女》的第一幕中扮演茶花女（丹尼尔绘）

们一部《李尔王》！也许在某些其他时候，你可能会遇见一位更好的科迪莉亚，但是你永远不会拥有一位更好的男中音、中音和低音。让你的天赋发挥出来吧！我听说《茶花女》在很短的时间内就完成了，那可是一场真正的音乐社会革命。我希望你能为我们制作第二部《茶花女》。"但是，威尔第没有被托雷利说服，人们只能得出一个结论：威尔第只是需要一个借口去放弃《李尔王》的创作计划。1896年，威尔第为年轻的马斯卡尼创作剧本时［当时马斯卡尼凭借《乡村骑士》（*Cavalleria Rusticana*）已经声名远播］，他发表了以下广为引用的评论："《李尔王》中的那一幕——老国王发现自己孤零零地躺在荒野上——吓坏了我。"这句评论足以显示威尔第自认能力不足，不能完美地处理这部不朽的莎士比亚戏剧。归根结底，《李尔王》是一部关于"内心"的戏剧，它重在探索一个人的思想，而这一点，再加上复杂多样的场景，让它很难被制作成一部有演出效果的歌剧。虽然博伊托在威尔第生命的最后阶段，曾试图重

188

古斯塔夫三世身边的朋友和密谋者（基于在巴黎歌剧院初演的奥柏早期歌剧《古斯塔夫三世》剧本封面插画）

新点燃他对《李尔王》的兴趣，但遗憾的是，威尔第的《李尔王》之梦终未实现。

威尔第必须为圣卡罗剧院另找一个剧本。他花了很久的时间在"众多的戏剧"中挑选一些与众不同的剧本，但由于时间紧迫，他勉为其难地选定了斯克利布的《古斯塔夫三世》（*Gustave Ⅲ*）。虽然包括奥柏和梅尔卡丹特在内的很多作曲家都曾拿它为脚本，但是威尔第对这个剧本持有相当多的保留意见："它是宏大的，壮观的，它是美丽的，但它像所有的歌剧一样，含有一些传统的元素，一些我一直不喜欢，如今觉得难以忍受的元素。"

在与索玛讨论《李尔王》的过程中，威尔第意识到虽然索玛已是一位成功的剧作家，但他仍需要学习作曲的基本规则。即使索玛有此不足，但他翻译并缩减了斯克利布的文本，并拒绝让他的名字出现在剧本上。该剧本讲述了一个真实的故事——1792年瑞典国王在一次化装舞会上被暗杀，因此审核的过程难免不顺。威尔第希望像《游吟诗人》一样，通过更换人名和地名来避免这些麻烦，可是当威尔第在1858年的新年之际来到那不勒斯时，发现审查员甚至不允许上演这部歌剧。

问题再一次地出现在瞬息变幻和极其紧张的政治局势上。克里米亚战争后，法国在欧洲的优势地位得以重新确立，意大利因卡米洛·加富尔伯爵的远见卓识，派送皮埃蒙特军队代表盟军作战，从而在欧洲议会中获得了发言权。当加富尔合并追求独立的反马志尼及其暴力

革命政策运动中的所有队伍时，英国和法国公开表示，
他们将支持维托里奥·埃马努埃莱领导的意大利。马宁
曾对埃马努埃莱发表了他著名的格言："你如果要建立
意大利国，我就与你并肩一起；反之，我们就分道扬
镳。"奥地利皇帝弗朗茨·约瑟夫试图通过访问米兰和
威尼斯来推行一些改革以挽回这种局面，然而，他在波
河流域受到冷遇。在帕多瓦，坐在第一节车厢里的市长
敦促怀有敌意的围观者为第三节车厢里的皇帝和皇后欢

小杜丽目睹斯巴克勒先生在威尼斯贡多拉船上的一次事故（H.K. 布朗尼为原版小说手绘的
插画）

呼。令他懊恼不已的是，人群只是应付地喊道："第三车厢万岁！"（当时国王和王后坐在第三节车厢。）玛菲伯爵夫人和她的社交圈拒绝参加，甚至安排决斗，来对付任何参加由拉代茨基的继任者马西米兰大公爵组织的社交活动的人。

查尔斯·狄更斯的《小杜丽》很好地描绘了那双沉重地压在这个国家的"奥地利之手"。虽然它的故事时

皮奥·诺诺（教皇庇护九世）返回罗马（1850年4月12日，玛丽·埃文斯）

间设定得更早，但它在很大程度上取材于狄更斯本人在
19世纪50年代初的意大利之旅：

> 他们来到王宫。里面的住客都已经被赶出宫外，那
> 儿变成了营房。一群群无所事事的士兵斜靠在窗户边，
> 他们的武器挂在大理石建筑上。在人们的心里，他们就
> 像一群群老鼠，快活地吃掉供养他们的经济"支柱"。

这起事件让审查官们变得愈发苛刻。1858年1月14
日，威尔第抵达那不勒斯。就在那一天，追随马志尼的
菲利斯·奥尔西尼和一些南方联盟成员企图把拿破仑三
世炸死在他停在巴黎歌剧院外的马车里。刺杀行动失败
了，但是有关弑君的剧本通过审查已是毫无可能了，尤
其是一年前针对那不勒斯国王费迪南德的刺杀事件还没
被人遗忘。

圣卡罗剧院制作了一个以14世纪佛罗伦萨为背景的
替代脚本，它可以满足审查官们的所有要求，但是威尔
第认为歌词和音乐并不匹配。更糟的是，替代的剧本使

194

威尔第和宠物狗露露间候那不勒斯的剧作家拜伦·杰诺韦西［梅尔基奥雷（1858—1859）绘］

整部歌剧毫无意义，本来的化装舞会换成了一场宴会。鉴于此，威尔第写道："所有的人都互相认识。因此，舞台剧失去了意义，所说的话没有任何意义。"管理层起诉威尔第，企图迫使他公开他的音乐，威尔第反诉，这引发了一场巨大的诉讼丑闻。大多数的那不勒斯人站在作曲家的这一边，他们聚集在他的窗外为他打气。后迫于政府的压力，这起事件在庭外和解。最初的合同被解除，威尔第同意上演《西蒙·波卡内格拉》，这是这部剧在威尼斯的首次亮相。

威尔第和朱塞佩娜在那不勒斯遇到了漫画家梅尔基奥尔·德尔菲科。他的作品《布塞托的熊》（*The Bear of Busseto*）深受威尔第的喜爱。德尔菲科还给朱塞佩娜和她的新狗露露作了一幅画。鉴于新剧可能即将被教皇审查批准，威尔第开始与罗马经理人文森佐·雅科瓦奇谈判，在阿波罗剧院上演《复仇》（*La Vendetta in domino*）（他给斯克利布的《古斯塔夫三世》起的标题）。多尼采蒂的姐夫瓦塞利同意代表威尔第，与审查官谈判。威尔第在圣阿加塔农场待了一个夏天，期间指挥家马里亚尼和他一起打猎，这样持续了几个星期后，剧本得到了教皇当局的批准，前提是故事不能发生在欧洲。最后，威尔第和索玛选择了17世纪的波士顿。毫无疑问，威尔第对这个选择相当满意，因为他对塞勒姆的政治迫害毫不知情，所以错误地认为那时那地与复辟时期的英国类似。复辟时期的英国因司各特的《贝弗利尔·皮克》（*Peveril of the Peak*）而闻名于意大利。无论如何，剧本被修改以适应新的故事背景，歌剧被重新命名为《假面舞会》。

1859年1月，威尔第和朱塞佩娜抵达罗马，那时有关加富尔已秘密会见拿破仑三世以商议对奥宣战的谣言人尽皆知。维托里奥·埃马努埃莱的演讲起到了推波助澜的作用。他宣称我们不能对那些传到我们这里的意大利人的哀嚎声无动于衷。被激发起来的爱国热情在2月17日《假面舞会》的首映式上喷涌而出：观众们高呼"威尔第万岁"！意大利人开始意识到这是维托里

奥·埃马努埃莱的诗行，很快"威尔第万岁"就被写在
墙上和横幅上，在大街小巷中传开。

盖塔诺·弗拉希尼在首演中完美地呈现了里卡多这
个人物。里卡多是剧中最富有变化的男高音角色：一会
儿优雅绅士，一会儿无忧无虑，一会儿激情万丈。他假
扮成水手来到女巫乌利卡的住所，像一名水手去歌唱，
直到他听到乌利卡的死亡预言时，才露出了高贵而自我

盖塔诺·弗拉希尼（1816—1887）早期在威尔第《阿蒂拉》中扮演佛列斯特

的笑容。威尔第第一次尝试在悲剧中加入喜剧性角色,即带有喜感和充满智慧的"奥斯卡",使得《假面舞会》与众不同。雷纳托著名的咏叹调《原来是你》完全地展现了该剧的光明面与黑暗面,因为正在那时,忠实的仆人变成了险恶的阴谋家。《假面舞会》具有"经典的沉稳性与平衡感"。然而,这并非是威尔第本人的独创之举。评论家菲利普·菲利皮在《米兰音乐杂志》中对此做了很好的概括,具体如下:

1859年意大利街头的"威尔第万岁"［《意大利画报》,1901年(朱利安·巴顿)］

《假面舞会》摒弃了歌剧的惯例和套路，赋予了每个人物特定的语言，制造了符合戏剧情境的戏剧效果。事实上，是威尔第创作了这部歌剧。他站在传统和未来之间，转身，对身后的传统先生说："你不是想拥有曲调、构思、比例、开头、中间、发展和结尾吗？你不是想拥有节奏、乐句和纯粹的音乐吗？这些你们都已经有了，分享出去吧！"之后，他又转过身说："你们这些未来先生们，你们想给戏剧增色，给词语做出精确的解释，摆脱陈腐而惯用的形式吗？你们希望耳目一新和优美雅致代替平庸吗？你们希望管弦乐队可以与舞台浑然一体，并处处洋溢着美吗？自己动手吧！传统可以满足你的所有需要。"

《假面舞会》的前后分别有两年的空档（与威尔第早期创作的《弄臣》《游吟诗人》和《茶花女》的时间间隔一致）。威尔第创作的速度渐渐缓慢下来，不仅因为他需要花更长的时间来创作一部歌剧，还因为他要越来越多地参与到国内事务和政治事务中去。1859年8月

《假面舞会》原版乐谱的扉页（奥柏同主题歌剧剧本第92页的插画）

22日，威尔第和朱塞佩娜在萨伏依完婚，萨伏依当时属于意大利，婚礼由和他们一同从日内瓦去的默米罗德神父主持。正如威尔第开玩笑说，神父把"当地的教区牧师送出去散步，或许这样，他就不必分钱了"。

1859年，威尔第作为议会代表，会见维托里奥·埃马努埃莱二世。爱德华多·马塔尼亚绘的这幅画于1901年2月3日刊登在《意大利画报》上（朱利安·巴顿）

1859年春，奥地利向皮埃蒙特发出最后通牒，要求其解散军队。在此形势下，法国人出兵援助意大利。然而，法军在随后的品红战役和苏法利诺两大主要战役中，没有起到决定性的作用。意大利的领导人物——维托里奥·埃马努埃莱发现自己已经不在聚光灯下，便与奥地利签订了让拿破仑大为恼火的《维拉弗兰卡条约》。奥地利同意建立一个由意大利北部几个州组成的王国，但仍占领威尼斯。威尔第感慨"我们永远不能对任何国家的任何一个外国人抱任何的希望"。

202

加里波第的红衫军在卡拉布里亚登陆［1860年8月19日，《伦敦新闻画报》（玛丽·埃文斯）］

当帕尔玛举行公民投票，决定是否要与皮埃蒙特联合时，威尔第代表布塞托，前去参加联合大会。他与大会中的其他四名代表被共同委派去都灵向维托里奥·埃马努埃莱致敬。威尔第还拜访了被称为"我们国家的普罗米修斯"的加富尔伯爵。当萨沃伊和尼斯将要割让给法国，作为意大利接受法国援助的代价时，加里波第和他的红衫军（"千人军"）出其不意地占领了西西里和那不勒斯，迫使加富尔派遣西奥迪尼将军领导的皮埃蒙特军队"吸收"游击队，这样维托里奥·埃马努埃莱成了胜利者。事实上，马里亚尼和威尔第计划买一些枪支来武装布塞托的志愿者，但对方不需要。由于加里波第无法原谅国王缺席告别式一事，他拒绝了所有的奖赏，隐退到卡普雷拉岛，随身只带了一袋玉米种子。朱塞佩娜称他为"人类历史中最纯粹和最伟大的英雄"。

在意大利议会举行新一轮选举前，威尔第被加富尔说服去参加选举。这令另一位候选人——当地律师乔瓦尼·明盖利-万尼大为吃惊，因为朱塞佩娜曾经向他保证，艺术大师威尔第将拒绝任何任命。威尔第不出意料地成功当选，但他在任期结束后说："意大利议会实际只有449名成员，而非450名，因为威尔第代表形同虚设。"在选举的事上，威尔第和加富尔步调一致。他唯一积极参与的项目是政府对大型剧院的资助项目。令人遗憾的是，这个计划因加富尔在1861年的突然死亡而夭折。加富尔突然离世令威尔第伤心不已，由于他无法前去都灵参加葬礼，他便在布塞托组织一场追悼会。他承认，自己"哭得像一个孩子"。威尔第对意大利新民族主义的贡献并非仅仅是他参加了一个他自认为格格不入的议会。在1865年新一轮选举前，威尔第一直担任议员，但在加富尔死后，他很少出席会议，而是全身心地投入到他的家庭和音乐事业中去。

第
七
章 /

命运的力量

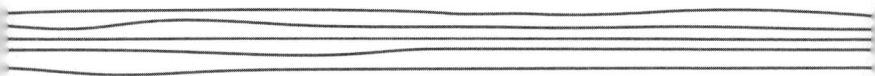

威尔第是我们阵营里的瓦格纳。

——汉斯·冯·彪罗

威尔第下一部歌剧的首演地点定在圣彼得堡，这可能令我们感到诧异，但对于威尔第同时代的人来说，这并不反常。长期以来，众多的意大利艺术家和音乐家组成了这座城市文化生活的重要部分。然而当时，意大利歌剧在圣彼得堡的主导地位正面临德国和俄国作曲家们的挑战，故此歌剧院的首席男高音恩里科·坦伯利克写信给威尔第，建议他为俄国

恩里科·坦伯利克（1820—1889）

创作一部歌剧。

19世纪中期,农奴制和贫困问题在俄国引发了多场农民暴动,然而,俄国受教育的阶层却能与欧洲文明和睦相处,文化艺术因此得以在大城市里蓬勃发展。俄国在克里米亚战争中战败,亚历山大二世在1856年登上皇位,并开始推行一系列的社会改革。威尔第到达俄国的那一年,农奴们刚刚获得解放。由于农奴们获得的土地不足以让他们养家糊口,加上他们不可以擅自离开所在的村庄,因此不得不继续不计报酬地为以前的主人工作。农奴们看到解放没有给他们带来任何实质性的好处,他们的境况没有得到任何实质性的改善,心中充满了不满和失望。这种情绪持续地发酵,直到1881年沙皇亚历山大二世遭人暗杀。然而,1862年威尔第抵达俄国的时候,亚历山大大帝的社会改革正在如火如荼地进行中,俄国上下一片欣欣向荣。

坦伯利克看到威尔第在《假面舞会》首演后的两年里,完全把音乐放在一边,不得不派他的儿子阿奇利尔

亚历山大二世（1818—1881）（D.J. 庞德雕刻，玛丽·埃文斯）

去说服威尔第再写一部歌剧。威尔第在1859年9月2日写给皮雅维的信中说："不瞒你说，我现在是一个彻头彻尾的农民。我希望我已经向缪斯女神挥手再见了，这样我就再也不会有创作的冲动了。"当然，威尔第可以，也确实做到了。在圣阿加塔，音乐已经彻底地从他的生活中消失了。前去拜访的友人们一般会被事先提醒，在那儿不谈音乐。如果他们想弹钢琴，可能会发现钢琴走调了，甚至有些琴键不见了。威尔第于1869年5月21日在给评论家菲利波·菲利皮的信中解释说：

> 音乐几乎从我的家中消失了。我从未去过一家音乐图书馆，也没有到过出版商的家里研究音乐。我熟悉当代一些最优秀的歌剧，不是因为读过它们，而是因为在剧院里听过它们。在这一切之中，有一点是确定无疑的，相信你不久也会发现。我再说一遍，在迄今为止所有的作曲家中，我的学识最浅薄……我指的是学识，不是音乐知识。如果说，我在年轻时没有勤奋深入地学习，那么我在撒谎。事实上，正因为曾经的努力，我才有一只可以随心写出音符、足够强大的手。

威尔第最终听取了坦伯利克的建议，为俄国写一部歌剧。他早年的刻苦训练和丰富的经历再次有了用武之地。他一开始挑选的主题是维克多·雨果的《吕伊·布拉斯》（*Ruy Blas*），门德尔松曾受其启发，创作了一部序曲。这个故事讲述了一个男仆先做了皇后的情人，后来成为总理的故事。由于它把普通人的命运提升到了一个俄国沙皇无法接受的高度，威尔第只好把剧本换成西班牙人里瓦斯公爵的剧本《命运的力量》（*The force of destiny*）。里瓦斯公爵安赫尔·佩雷斯·德·萨维德拉因信奉自由主义，在法国、马耳他和葡萄牙流亡了很长一段时间后，回到西班牙担任政府要员。除此以外，里瓦斯公爵还是一位伟大的浪漫主义诗人和历史学家，是维克多·雨果和沃尔特·司各特的狂热崇拜者。威尔第在给莱昂·埃斯库迪尔的信中写道："这出戏很有力量，很独特，也很宏大，我非常喜欢它。"但他同时也表达了一些顾虑："我不知道俄国的观众是否也这么认为，但它绝对是一个不同寻常的故事。"

1861年的整个夏天，威尔第都在和皮雅维共同创作《命运的力量》，这是他俩的最后一次合作。多年来，威尔第不断地折磨和悉心地指导皮雅维。此时皮雅维已经成家，在米兰斯卡拉剧院担任常驻舞台总监。他所有的一切都得益于威尔第。10月底，威尔第向坦伯利克宣布："事实上，除了不太重要的管弦乐部分，这部被诅咒的《命运的力量》已经基本完成。在过去的这一段时间里，我们无时无刻不在创作。现在，我十分愤怒和焦躁地给你写信。"威尔第之所以同意写这部歌剧，很有可能因为圣阿加塔大量的整修费用让他手头有些拮据。

1862年初，威尔第与朱塞佩娜追随罗伯特·舒曼和克拉拉·舒曼的足迹，前往俄国。舒曼夫妇曾于1844年在俄国举行过巡演。威尔第夫妇乘坐的由巴黎开往圣彼得堡的铁路才开始投入使用。一到圣彼得堡，他们就被那里众多奇特的景象所震撼——涂了绿漆的教堂，木制的人行道，贴在大街上的禁烟令，平坦而寂静的风景，而让他们感受最深的是严寒的天气。他们离开俄国后，威尔第写信给坦伯利克："现在我体会到什么是'冷'了……如果我相信有来生和但丁描述的冰冷地狱，那么明天我就开始背诵《玫瑰经》和《悲惨世界》，并为我已犯和未犯的罪请求宽恕。"

游客参观圣彼得堡圣尼古拉斯教堂（1857年雕刻）

为了让他们的俄国之旅尽可能地愉快，朱塞佩娜在事先已经做足了准备。她提前订购了100瓶低度波尔多葡萄酒、20瓶上等波尔多葡萄酒、20瓶香槟，以及足够多的大米、通心粉和奶酪。这些酒和食物足以让她喜怒无常的丈夫保持好心情。在俄国，她强烈地感受到了富人的特权。她对她和威尔第共同的朋友奥普兰德诺·阿利瓦班伯爵描述了贫穷的马车夫如何在外面冻上几个小时，等着他们在"温暖漂亮的房间里大吃大喝"的有钱主人。

遗憾的是，由于女高音患病，加上找不到合适的人来顶替她，《命运的力量》的首演日期不得不推迟到下一年的秋天。威尔第夫妇又去了一趟伦敦，因为威尔第答应代表意大利，参加1862年的伦敦展览会。蹩脚的

1862年举行的伦敦展览会（玛丽·埃文斯）

是，英格兰代表斯特恩代尔·贝内特、法国代表奥伯、德国代表迈尔比尔当时都在创作管弦乐曲，因此，威尔第决定在他们作品的基础上创作一部合唱曲——《国际歌》（*Hymn of the Nations*），由玛菲伯爵推荐的阿里戈·博伊托作词。博伊托的母亲是波兰的一位女伯爵，父亲是一名意大利微型画家。博伊托和他的朋友弗兰克·法西奥获得米兰音乐学院的旅行奖学金，游玩至巴黎后，决心把意大利文化融进欧洲的主流文化中去。威尔第送给博伊托一块表，嘱咐他要珍惜时间。或许是威尔第使用了革命歌曲《马赛曲》（*La Marseillaise*）（当时《马赛曲》还没有被用作法国国歌），或许是因为意大利指挥家迈克尔·科斯塔嫉妒威尔第的才能，或许是威尔第本不应该写一部合唱曲，总之，《国际歌》遭到乐团的拒绝，理由是他们没有足够的时间来学习。然而，威尔第在《泰晤士报》上发表评论说，25天的时间足够学习一部完整的歌剧。

《国际歌》的初演安排在5月24日，维多利亚女王生日的当天，在皇家剧院举行。当天的演出深受好评，尽管《泰晤士报》不喜欢"博伊托写的那些夸夸其谈的诗句，但这位意大利著名作曲家却很幸运地让这些诗句永垂不朽"。事实上，它们将要与《奥赛罗》和《法斯塔夫》一起成为不朽的乐章。

威尔第和朱塞佩娜在夏天回到圣阿加塔，小狗露露的死让朱塞佩娜悲痛万分。在她的房间里一直放着一幅露露的油画，威尔第在露露的墓碑上刻下"纪念我的一位最忠实的朋友"。同时间，朱塞佩娜终生残疾的妹妹巴贝琳娜来到圣阿加塔接受家人的照料。大家都以为她会早早地在克雷莫纳离世，令人意想不到的是，她直到第一次世界大战才离开人世，比威尔第夫妇活得都要久。

1862年11月10日，威尔第夫妇再次回到圣彼得堡，参加《命运的力量》的首演。首演当天，观众的反响十分热烈。一位作家在《圣彼得堡杂志》中宣称："我们认为，在威尔第的所有作品中，就灵感、旋律的丰富

威尔第在圣彼得堡乘坐三驾马车（1862年）

性、音乐发展和管弦乐编曲而言，《命运的力量》是最
完整的一部。"沙皇亲临第四场的演出，并授予作曲家
"圣斯坦尼斯拉斯勋章"，能获得此殊荣的作曲家屈指
可数。然而，民族主义党发动了一场充满敌意的示威活
动，抗议威尔第高达2.2万卢布的报酬（俄国作曲家的
每部歌剧演出收入为500卢布）。尽管外界对《命运的
力量》好评如潮，威尔第本人对它（尤其是它的结局部
分）并不满意。1869年，他在《阿依达》的编剧、《米
兰音乐杂志》编辑安东尼奥·吉斯兰佐尼帮助下，对这

部歌剧进行修改，尤其是故事的结局部分——如威尔第所言——"以避免所有的死亡"。总之，在新《命运的力量》中，基督徒对命运之力的屈服取代了阿尔瓦罗的自寻短见。

《命运的力量》最突出的特征是它包含了两个对立面。莱奥诺拉因她的情人唐·阿尔瓦罗错手杀死了自己的父亲，而错失爱情。她来到修道院，请求他们允许自己在附近隐居。她谦卑和虔诚的祈祷贯穿整场，令人心生敬畏。与之形成鲜明对比的是梅利托内的幽默。这位修道士显然更喜欢享受肉体之欢，而不是追求信仰。

他讨厌去施舍那些纠缠不休的穷人。当修道院院长不让梅利托内介入他与莱奥诺拉的谈话时，这位修道士喃喃自语道："总是有秘密！并且知道这些秘密的人都是圣人。其他人都是芸芸众生。"这位修道士的形象和修道院的场景取自于席勒《华伦斯坦》（*Wallensteins Lager*）的玛菲译本，它们与歌剧中其他有关荣誉和复仇的老套故事形成了鲜明的对比。

在1862年11月17日写给玛菲伯爵夫人的信中，威尔
第描述了他和朱塞佩娜第二次到俄国的愉快经历："这2
个月，我常常去参加沙龙，那儿有晚餐和聚会。我认识
了一些非常谦逊的大人物。所有人都那么地和蔼可亲，
彬彬有礼，他们的礼节和巴黎人的礼节大不相同。"毫
无疑问，刚刚出版的屠格涅夫的作品《父与子》是人们
在沙龙里讨论的一个热点话题。1862年是文学史上重
要的一年。之前的3年里，威尔基·柯林斯的《白衣女
人》、乔治·艾略特的《织工马南传》、维克多·雨果
的《悲惨世界》，还有达尔
文的《物种起源》相继出

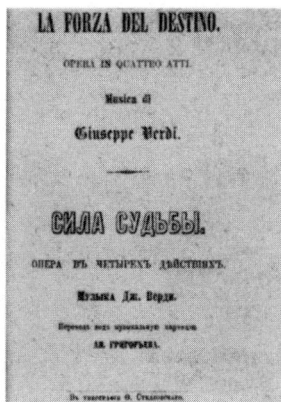

版。其中，《物种起源》震
动了当时的科学界和基督教
世界。

不久，威尔第夫妇赶
去马德里，参加《命运的
力量》的西班牙首演，年

《命运的力量》俄语剧本原件的封面页
（1862年，圣彼得堡）

迈的里瓦斯公爵列席观赏演出。随后，他们前往安达卢西亚，游玩了塞维利亚、科尔多瓦、格拉纳达和加的斯等地。威尔第还买了一桶雪莉酒，要运回圣阿加塔。因为威尔第同意在巴黎制作一部新的《西西里的晚祷》，所以他们又从西班牙直接去了巴黎。然而，巴黎7月的天气过于炎热，加上威尔第和管弦乐队就排练次数产生了冲突，威尔第夫妇离开巴黎，回到了他心爱的圣阿加塔。

自1860年起，威尔第和朱塞佩娜就开始在热那亚过冬，后来马里亚尼在那里替他们找到了一处要出租的宅子，正如朱塞佩娜在1867年6月14日向克拉丽娜·玛菲解释的那样：

阳光、树木、花朵和各种各样的鸟儿使得乡村生活在一年中的大部分时间里都是那么生机勃勃、美丽动人。然而，一到冬天，一切就开始变得凄凉、寂静、荒芜，让我开始讨厌那里。当白雪覆盖着圣阿加塔周围广

热那亚（E.J.罗伯特雕刻）

阔的平原时，那些光秃秃的树枝看上去像荒凉的骷髅，我都不敢抬眼向外看。我用花窗帘遮住窗户，遮到眼睛的高度。我有一种无尽的悲伤，一种想要逃离那里、生活在活人中间，而不是生活在幽灵和死静的广阔墓地之中的渴望。威尔第骨子里是一个坚强的人，即使在冬季，他也热爱乡村，因为他知道如何为自己找到适合那个季节的乐趣和工作。然而，他心地善良，他能理解我的孤独和悲伤。至于在哪里安家，我们犹豫了很久。此刻，我们已经搭好了面向大海和群山的冬季帐篷，我正忙着布置我人生中的第五个，当然也是最后一个家。

　　1865年，威尔第采纳了埃斯库迪尔要修改《麦克白》的提议，但他没有去巴黎指挥排练，这让已经在家"非常无聊"的朱塞佩娜很恼火。《麦克白》的复演并不顺利，部分原因在于作曲家基本上保留了原作的大部分内容，而在1865年，观众对他的期望更高。

　　然而，威尔第最终同意再写一部歌剧，在1867年巴黎环球展览会期间上演。他再一次地放弃了《李尔王》，而挑选席勒的戏剧《唐·卡洛斯》（*Don*

1867年的威尔第，那时《唐·卡洛斯》在巴黎歌剧院首次上演

Carlos）。老约瑟夫·梅里担任编剧，不过最终卡米尔·杜·罗塞尔完成了剧本。威尔第想要通过选择一个既有壮观场面又包含有趣人物故事的全新方式，以提升当时的法国大歌剧。无论是席勒的戏剧还是威尔第的歌剧，和历史都没有太大的关联。西班牙腓力二世的儿子——一位畸形的癫痫病人唐·卡洛斯成了一个反对他父亲暴政的健康青年。女子间的对抗又因他对父亲妻子的爱和与她之前的订婚而强化。剧中的六位主角（除了伊波莉公主、伯撒侯爵和大审判官）都被细致地刻画成一个个独立的人物，他们关系的广度也超过了威尔第其他所有歌剧。然而，在威尔第和编剧们改写席勒的文本时，犯了两个错误。首先，卡洛斯没有意识到和他秘密约会的是伊波莉，而不是伊丽莎白。很明显，这点不成立。其次，他们改写了故事的结局。菲利普把他的儿子交给大审判官后，说："我已经完成了我的职责。现在，轮到你了。"（这是席勒剧本的最后一句。）而在歌剧中，一位修道士，也就是菲利普的父亲（查尔斯五

世皇帝），把唐·卡洛斯从宗教法庭的魔掌中解救了出来。

1866年夏天，威尔第在圣阿加塔创作《唐·卡洛斯》，但因家事和国难的影响而进度缓慢。除此以外，他的喉咙痛得厉害，加上焦虑和疲劳过度，他有时无法工作，以至于他后来回忆说，如果没有看门狗布莱克的陪伴，他不可能完成这部歌剧。威尔第觉得布莱克实在是功不可没，他在1865年8月写了一封信，仿佛是布莱克写给阿里瓦本的狗罗恩·罗恩，告诉它一部新的歌剧将要上演："我的男秘书和女秘书向您问好。至于男秘书，我在报纸上看到他准备做更多的小钩子。"（此处意有所指：威尔第曾无意中听到他庄园里的一些农民说，他们不相信他能靠在一张张方格纸上挂上小挂钩来谋生。）动物在威尔第和朱塞佩娜的情感世界中占据十分特殊的地位。他曾说，在地里遇到农民和牲畜时，"更喜欢四足的品种"。由于小狗露露的死让朱塞佩娜痛苦不已，威尔第不允许她再养一只宠物狗，但她有一

朱塞佩娜

只鹦鹉（马里亚尼送的）和一只孔雀，它"站在那里看

着我，告诉我动物是最好的生物。这也是我可怜的露露

经常对我说的话，他的大眼睛里充满了深情和忠诚。可

怜的露露！"

225

1866年6月中旬开始的奥普战争（七周战争）中断

了威尔第的创作。人们一度认为，为了增强意大利民众

的民族自豪感，王储翁贝托可能会在圣阿加塔住宿。意

大利军在战争中经历了一场巨大的灾难。意大利军先在

1866年7月20日的利萨海战（玛丽·埃文斯）

库斯托扎战役中战败，紧接着，意大利海军在利萨海战

中遭到重创。在两军蒸汽装甲船舰的首次海上交锋中，

奥地利的7艘船舰击败了意大利的14艘船舰，并击沉了

意大利的1艘旗舰。在加里波第（他的志愿部队中有博

伊托和法西奥）就要攻下特伦蒂诺的重要关头时，却接

到了撤退的命令，这真是意大利的奇耻大辱。普鲁士打

败了奥地利，把威尼斯割让给法国，拿破仑三世后来又把威尼斯交还给意大利，这对意大利人来说是一个安慰，然而他们对意大利在战争中遭受的灾难仍感到沮丧。威尔第在7月底去了巴黎，他满怀厌恶地写信给阿里瓦贝内伯爵："想象一下，我这样一位热爱祖国的意大利人，此刻却身在巴黎，我是怎样的心情！"他试图说服歌剧院取消他的合同，但遭到对方的拒绝。

为了强身健体并完成《唐·卡洛斯》的最后一场戏——《和平与宁静》，威尔第去了一趟比利牛斯山考特雷茨温泉。8月，威尔第和朱塞佩娜离开那里，返回巴黎指导《唐·卡洛斯》排练。当威尔第得知他82岁的父亲已经去世，他十分难过，加上担心他83岁的姨母及其7岁的小孙女无人照顾，他中断了排练。小女孩名叫斐洛必娜，和卡尔洛·威尔第住在一起。威尔第和朱塞佩娜一直很喜爱她，后来收养她作女儿，并把她改名为玛丽亚。玛丽亚被送去都灵上学，后来嫁给了他们的朋友——律师安吉奥洛·卡拉拉博士的儿子。那段时间，

阿里瓦贝内伯爵（1807—1886），威尔第经常和他通信

228　　还有一件开心的事情是威尔第和朱塞佩娜见到了从美国回来的穆齐奥和他年轻的妻子露西·西蒙斯。

1867年3月12日，威尔第写信给阿里瓦贝内伯爵，说："《唐·卡洛斯》在昨天举行了公演，但是没有成功！我不知道未来会发生什么，倘若事有转机，我也不会感到惊讶。"首次亮相后，这部歌剧只上演了合同规定的最低次数；然而，与最初较差的观剧体验形成鲜明对比的是，今天有许多人认为它是威尔第的一部杰作。
《唐·卡洛斯》的意大利首演进行得相当顺利，之后威
尔第多次修改其中的内容。事实上，在威尔第所有歌剧
中，这部音乐的命运最为复杂。例如，在最后一次排练
中，大家认为演出时间太长，观众会赶不上最后一班火
车，就删掉了一刻钟的内容。

批评《唐·卡洛斯》的人指责威尔第在有意模仿瓦
格纳。例如，比才评论说："威尔第不再是一个意大利
人了，他想成为瓦格纳那样的人物。他避免了自己的缺
点，但同时也失去了他的个人风格。"威尔第在1867年
4月1日写给埃斯库迪尔的信中反驳道："我几乎是一个
完美的瓦格纳主义者。但是，假使评论员们观察得更仔
细些，就会发现《埃尔纳尼》（*Ernani*）中的三重唱、
《麦克白》中的梦游场景以及很多其他地方都存在着相
同的思想……然而，关键的问题不是要明确《唐·卡洛
斯》是属于这个或是那个体系，而是要辨别其中的音乐
是好是坏。"

参加1867年《唐·卡洛斯》在博洛尼亚演出的主要演员，包括特蕾莎·斯托尔茨和指挥家安吉洛·马里亚尼

威尔第在一生中曾多次被人指责模仿瓦格纳，但这种批评有失公平。威尔第在写《唐·卡洛斯》的时候，还没有读过瓦格纳的散文作品，因为直到1869年他才写信给卡米尔·杜·洛克，请他为自己弄几本瓦格纳的作品。1865年，他在巴黎的一场音乐会上聆听了《唐豪瑟》的序曲；1870年，他在博洛尼亚欣赏了《罗恩格林》（*Lohengrin*）；1875年，他观看了《唐豪瑟》全剧，但可能仅此而已。《纽伦堡的名歌手》（*Die Meistersinger*）在《唐·卡洛斯》上演后的一年里

举行首演，和勃拉姆斯的《德意志安魂曲》（*German Requiem*）同年。威尔第关心的是旋律是否悦耳，他为音乐本身而创作，坚决反对一切"学派"和"主义"。虽然他的天赋使他不断地推出新的作品，但这都来自于经验，而非依存于理论。菲利皮评论《阿依达》时说："否认瓦格纳对威尔第的影响，就像否认太阳会发出光明一样。"威尔第在1875年4月给里科迪的一封信中写道："35年的职业生涯，最终以模仿者的身份结束，这真是一个不错的结果！"德国指挥家汉斯·冯·比洛长期追随瓦格纳，他没听过威尔第的《安魂曲》（*Requiem*），就对它进行了抨击。不过，他后来改变了看法。在1892年写给威尔第的《忏悔的罪人》（*The Confession of a Contrite Sinner*）中，他说在研究了《阿依达》《奥赛罗》和《安魂曲》之后，他就变成了威尔第的坚定追随者了。威尔第在1892年4月14日大度地回复了汉斯，内涵深刻：

你心中没有丝毫的罪恶，何谈悔改和宽恕呢？即使你以前的观点与你今天的不同，你当时把它们表达出来也无可厚非。我从来没有抱怨过。再说，谁知道呢?……也许你当时是对的?另外，南北方艺术家表现出不同的艺术倾向，这是好事! 正如瓦格纳所说，艺术家们都应该坚持自己国家的特色。

然而，有一件事，威尔第确实效法了瓦格纳。他对斯卡拉剧院说，应该把管弦乐队放在一个池子里，这样他们就不会横在观众和表演之间。他说:"这个想法不是我的，是瓦格纳的，是个很好的主意!"

《唐·卡洛斯》之后，乡间生活再一次成为威尔第的"避难所"。当他情绪低落的时候，雇农就到最远的地里去干活来躲避他。毫无疑问，他把农场经营得很好，但他也是一个专横的监工。他不允许工人们在他不在农场的时候使用机器，并要求工头保罗·马伦基解释他不在的时候，究竟为什么花了那么多钱。朱塞佩娜在家里很孤独，几乎一整天都和他说不上一句话。因此，当她去米兰购物，决定打电话给素未谋面的克拉丽

娜·玛菲，也就不足为奇了。她们彼此一见如故，这位
女伯爵带她去见了82岁的小说家兼诗人亚历山德罗·曼
佐尼。曼佐尼给了朱塞佩娜一张自己的照片，让她转交
给她的丈夫，上面写着："献给意大利的荣耀——朱塞
佩·威尔第。一位伦巴第的年迈作家赠。"威尔第很尊
敬这位写《约婚夫妇》（*The Betrothed*）的作家，他曾
称赞这本小说为"我们这个时代最伟大的作品，也是人
类有史以来最伟大的作品之一。它不仅是一本书，还是
对人类的一种慰藉"。因此，一想到一年后他要去见曼
佐尼，威尔第就喜不自胜。1868年7月7日，他写信给克
拉丽娜说："我该如何向你描述我在圣人面前所经历到的
那种从未有过的、甜蜜的、难以名状的感觉呢?如果凡
人能被膜拜，我会屈膝在他面前。"克拉丽娜的圣阿加
塔之行同样令威尔第高兴不已，她带着"整片花丛"离
开了。

233

　　在威尔第和曼佐尼会面之前，发生了两件不幸的
事，使威尔第十分地悲伤和沮丧。1867年7月21日，安

东尼奥·巴列兹逝世。威尔第夫妇一直陪伴在巴列兹的身边，直到他生命的最后一刻。他静静地躺在床上，内心渴望地注视着房间角落里的那架钢琴。威尔第走过去，开始轻柔地弹奏安东尼奥先生最喜欢的《飞翔吧，让思想乘着金色的翅膀》（《纳布科》中希伯来奴隶的合唱）。老人抬起一只手，低语"哦，我的威尔第"，然后平静地离世了。对克拉丽娜·玛菲，威尔第写道："你知道，我欠他一切，一切，一切。"

巴列兹离世后，威尔第夫妇和马里亚尼一起去巴黎看展览。那时，法兰西帝国的光辉开始消退，但1867年的展览会使法国的首都再次聚集了欧洲的头面人物，他们惊奇于展出的各种奇妙的科学发明：奇妙的新型轻质金属铝，美国新发明的摇椅，当然还有新型蒸汽机车。当来自埃森城的克虏伯用一把大枪赢得了一个奖项时，来自未来的一个神秘阴影笼罩下来。有趣的是，传教士社团也炫耀了他们的战利品——异教徒的武器，那些新奇的武器逗乐了公众。然而，最吸引人的还是这座城市

1867年，巴黎展览会英国展区中陈列的展览品（玛丽·埃文斯）

新建的排水系统，那些设计用来穿梭于地下线路进行清

洁的小船和汽车，有时也会载着游客四处游玩。展览期

间的观光旅游非常地成功，它的项目一直保留到今天。

威尔第非常欣赏加尼尔设计的新歌剧院，它直到1874年

才对外开放。剧院中高高的木屏风花了六年的时间才建

成。但在展览的那一年，为了露出剧院的正大门，屏风

被移开了，但很多人看到后，说它是"一个杂乱的餐

具柜"。

然而,如此愉快的旅行却被另一个噩耗中断了——皮雅维中风,瘫痪在床。在他人生最后的八年里,他不能行动,不能说话。朱塞佩娜建议威尔第不要去拜访,但他给予了皮雅维经济上的帮助,并为皮雅维制作了一个收录了不同作曲家的作品的歌曲专辑。

威尔第在悲伤之余,又多了几分怒气。自1845年起,布塞托的市民就想建一座小型歌剧院。过程中,他们多次对威尔第提出要求,比如为开幕之夜写一部歌剧,说服一些领唱的歌手来参加首演,承担首演的大部分费用。威尔第一再表示这些要求很荒谬。朱塞佩娜保留了一份记录他们长期金钱往来的档案。很明显,她鼓励自己的丈夫坚持立场,不要妥协,毕竟她很难忘记自己曾经在布塞托的痛苦遭遇。最后,威尔第允许剧院以他的名字命名,并"捐助"了一笔10000里拉的贷款。他原本计划把这笔钱借给镇上,用于重建一座旧桥。但是他没有参加歌剧院在1868年8月15日举行的开业典

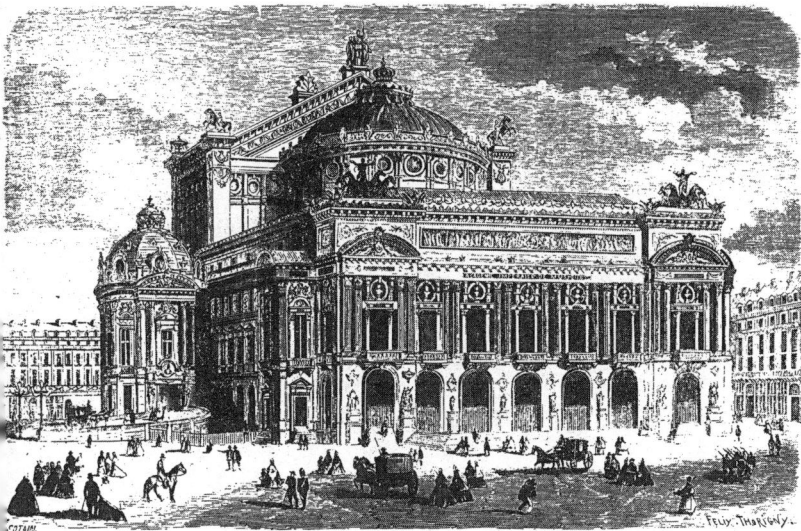

新巴黎歌剧院（玛丽·埃文斯）

1868年开业的布塞托"威尔第剧院"

礼。当天，在《弄臣》演出之前，乐队演奏完威尔第在
12岁时创作的一首序曲后，幕布缓缓升起，露出了威尔
第的半身像，头戴花环。威尔第本人对此十分反感。后
来，他收到一封下流的匿名信，就把他的包厢卖掉了。
这座能容纳100多人的小歌剧院今天仍然存在。虽然托
斯卡尼尼曾经在那里上演过《阿依达》，但是它太小
了，以至于节日表演通常在它前面的广场上举行。

　　尽管在那段时期，"命运的力量"无情地带走了许
多威尔第所珍视和爱戴的人的生命，但是威尔第的创作
没有受到他艰难处境的丝毫影响。

第
八
章 /

无限风光与黯然神伤

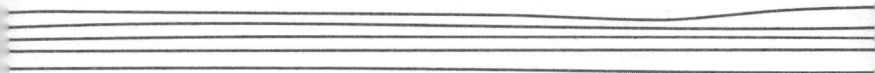

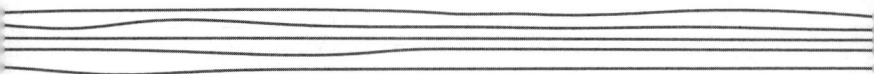

亲爱的，亲爱的朋友！那人是个了不起的艺术家！一个天才！一个音乐和戏剧天才。

——博伊托

罗西尼于1868年11月13日在巴黎逝世。威尔第一方面痛惜挚友的离世，一方面惋惜意大利和意大利音乐界遭受的损失。4天后，威尔第在《米兰音乐杂志》上，给蒂托·里科迪写了一封公开信：

我想请意大利最杰出的作曲家们（梅尔·卡丹特是最重要的一位，如果有限制的话）为威尔第的逝世纪念日谱写一曲安魂曲。我希望作曲家们和歌手们都能无偿地参与其中，并且提供少量的费用。

弥撒应该在罗西尼真正的家——博洛尼亚市的圣佩

特罗尼奥教堂中举行。弥撒既不应该供人猎奇，也不应该让人猜测。仪式结束后，《安魂曲》就应该密封起来，放在博洛尼亚市音乐学院的档案室里，永远不要被搬走。如果后人想要纪念罗西尼，也许可以在逝世纪念日那天破例借出一次。

威尔第一边筹备纪念罗西尼的项目，一边指挥排练新版《命运的力量》。1869年2月27日，该剧在米兰的斯卡拉歌剧院受到观众的热烈欢迎，这不仅标志着他与意大利歌剧院的关系得到修复，也标志着他与女高音特蕾莎·斯托尔茨的关系开始建立。与此同时，由于缺乏博洛尼亚剧院经理斯卡拉伯尼的配合，威尔第找不到合适的合唱团演唱《安魂曲》。威尔第在11月19日写给克拉丽娜·玛菲的信中写道："博洛尼亚事件足以让许多人羞愧，包括我尊贵的好友马里亚尼。我那么大力地推进这件事，他却没有动一根手指头。在我看来，米兰评审委员会只能做一件事：把作品还给他们的作曲家，不做任何的评论。事情就是这样的。"

特蕾莎·斯托尔茨（1834—1902）在斯卡拉歌剧院演出中扮演阿依达

虽然威尔第内心充满了苦涩与失望，但是如此责备
马里亚尼有失公平。马里亚尼一直是他最亲密的朋友，
是马里亚尼替他在热那亚的索利宫里找到了一处公寓，
供他们"在卡里尼亚诺山上过冬，置身于栽有柏树、雪
松、棕榈树和木兰花的花园中，可以俯瞰港口和波光粼
粼的大海"。马里亚尼在那里有个"窝"，他经常陪威
尔第夫妇到巴黎和其他地方游玩。他和威尔第都喜欢在

安吉洛·马里亚尼（1821—1873）。他除支持威尔第外，还是一个瓦格纳的拥护者，他在1871年向意大利观众介绍了《罗恩格林》

波河附近的树林里打猎。他欣然接受了威尔第的许多委托，比如，把十棵高一米半的木兰花从热那亚运到圣阿加塔。现在，尽管马里亚尼在纪念罗西尼项目失败的事上无罪可责，威尔第仍归咎于他。马里亚尼就像一只卑躬屈膝的西班牙猎犬，试图讨好一位对他不满的主人。那时，他给威尔第的信都是这样结尾的："如果我的这些愚蠢的信件惹恼了你，请原谅我，我的大师。"

威尔第在巴黎制作《唐·卡洛斯》的时候，结识了杜·洛克夫妇。他们是一辈子的好友,尽管有段时间闹得不愉快。在19世纪60年代后期,卡米尔·杜·洛克对他的这位新朋友"狂轰滥炸",对他的剧本提出了很多的建议。1869年12月份,他收到了威尔第的信:

每个人都想发表意见或提出疑问:如果一个作曲家长时间地生活在这种充满质疑的环境里,他的信念难免发生动摇,并做出调整和改变,更确切地说,对自己的作品产生怀疑。长此以往,你得到的不是一件完整的作品,而是一个马赛克。也许你会喜欢它,但它仍然只

圣阿加塔附近的波河两岸

是一个马赛克。你也许会说，正是马赛克造就了这类歌剧的一个又一个的杰作。它们可能是杰作，但请允许我说，如果少一些拼凑或改动的话，它们会更加完美。诚然，没有人会否认罗西尼的天才，他才华横溢。然而，《威廉退尔》（*Guillaume Tell*）自始至终弥漫着一种致命的气氛……综上所述，我不是巴黎的作曲家，我不知道我是否有天赋，但我可以肯定的是，我对艺术的看法和你有很大的不同。

1870年3月底，威尔第再次访问巴黎。在此期间，他对杜·洛克刚接手的喜剧歌剧院颇有好感，还见到了刚从开罗回来的伊曼纽尔·穆齐奥。穆齐奥在开罗导演了开罗歌剧院的第一季演出，开罗歌剧院在1869年11月开业，苏伊士运河在同时期对外开放。

开罗歌剧院的导演德兰特·贝曾请求威尔第为他的开业典礼创作一首颂歌，但遭到了威尔第的拒绝，理由是不想为这样的场合进行创作。

苏伊士运河横跨塞得港和苏伊士之间长约100英

里的沙漠，连接了地中海和红海。它是法国人费迪南

德·德勒塞普的梦想。尽管困难重重，他仍在十年内完

成了这项工作。一开始，埃及本地的工人用手挖沙子，

骆驼驮着篮子运沙子，后来使用大型的机械挖泥船。

1868年11月，法国皇后欧仁妮和德勒塞普乘坐"鹰号"

苏伊士运河的开通。1869年11月6日，法国皇后欧仁妮和德勒塞普乘坐的"鹰号"快艇，在塞得港进入苏伊士运河（《伦敦新闻画报》，玛丽·埃文斯）

快艇，率领庞大的船队驶过苏伊士运河，标志其全线贯通。欧洲许多其他皇室成员也出席了开通仪式，包括奥匈帝国的弗朗茨·约瑟夫皇帝。船队行至半路时，游客们在伊斯梅利亚新城下船，并在那里待了一夜。埃及总督伊斯梅尔·帕夏把游客们带进一个童话仙境里：装饰着鲜花和灯光的华丽宫殿，披着红色斗篷、骑着白骆驼的贝都因卫兵，骑着华丽马匹的埃及骑兵，在沙漠里举行的野餐，3万名阿拉伯人的表演，以及照亮夜空的焰火。

《弄臣》是在开罗歌剧院上演的第一部歌剧。

杜·洛克告诉威尔第，总督希望他再为开罗歌剧院写一部歌剧，尽管他提出的条件很丰厚，但始终打动不了威尔第。当威尔第在5月底向杜·洛克要一部西班牙戏剧大纲的时候，这位狡猾的巴黎人随信附上了长达四页纸的故事，一个关于埃及考古学家奥古斯特·玛丽埃特的故事。玛丽埃特在1850年被法国政府派往埃及购买古代手稿，之后成为一名考古学家，在埃及定居。他发现了

一些19世纪最重要的埃及宝藏，包括位于阿比多斯、吉
萨和其他地方的法老坟墓。他后来担任古遗迹馆的馆
长，并被总督授予"贝伊"的称号。究竟是玛丽埃特这
一主题征服了威尔第，还是杜·洛克在信中的附言说服
了他，不得而知。"如果威尔第先生不愿意接受，殿下
请您另找他人……古诺，甚至瓦格纳都在考虑之列。如
果他们愿意，他们将创作出真正伟大的作品。"不管怎
样，威尔第在5月26日回复了杜·洛克：

　　我读了有关那位埃及人的创作安排，做得很好。场
面调度十分精彩，即使有一两个场景，不是全新的，但
肯定也是很好的。这是谁写的故事？一定是出自哪位专
家之手……他肯定十分地熟悉舞台。

　　《阿依达》出自谁手，多年来一直是争论的焦点。
威尔第后来说，有人告诉他总督本人就是作者，但他不
相信。几乎可以确定的是，它由玛丽埃特本人所作，
杜·洛克在广泛获取灵感后扩展了这部作品。例如，它

的故事与《尼特第》（*Nitteti*）（18世纪的剧作家帕伊谢洛的作品）和拉辛的《巴雅泽》（*Bajazet*）有许多相同之处。因此，威尔第说《阿依达》"不是一个全新的主题"完全正确。试想一下，如果威尔第从19世纪60年代后期的易卜生或陀思妥耶夫斯基的作品，甚至托尔斯泰的《战争与和平》中取材，那将会发生什么？

开罗歌剧院合同提供的报酬是威尔第从《唐·卡洛斯》中所得收入的四倍，这使他不得不提出以下要求："这个数字必须保密，否则它会困扰许多生前不幸的已故之人，比如《塞维利亚的理发师》的作者只拿到了400克朗，贝多芬一贫如洗，舒伯特屡遭不幸和莫扎特为了生计四处奔波等。"玛丽埃特以"专业顾问"的身份为自己和家人赢得了一次巴黎之行的机会，他们所有的花销由总督承担。虽然杜·洛克去过圣阿加塔和威尔第一起创作剧本，但他没有继续参与下去。相反，威尔第以一笔丰厚的报酬，邀请安东尼奥·吉斯兰佐尼到他的别墅。安东尼奥在听说圣阿加塔养了三只凶狠的猛犬

后，威胁说："为了保护自己的腿，我要带上一名努比亚
奴隶，当作'扔给它们吃的肉'。"吉斯兰佐尼之前的
人生经历让人或多或少地联想到经历丰富的索莱拉。吉
斯兰佐尼最先就读于医学院，后来做了低音提琴手、男
中音、记者、小说家和剧作家。他不喜欢循规蹈矩，行
为古怪。有一次在米兰，他穿着戏服——古罗马将军的
制服，大步穿过大教堂广场，造成了相当大的恐慌。

虽然威尔第强调完成这部歌剧需要充足的时间，
"因为我们面对的是一部真正庞大的作品，一部类似
'大歌剧'的作品"。（这是他对巴黎歌剧的一种蔑
称。）但是事实上，他作曲的速度与吉斯兰佐尼写剧本
的速度不相上下，在11月中旬前，《阿依达》就基本完
成，用时4个月。和可怜的皮雅维待遇不同，威尔第对
吉斯兰佐尼十分客气，后者被认为是当时意大利首屈一
指的剧作家。

虽然威尔第会和他人紧密地合作，但是他在编写脚
本的过程中一直起主导的作用。令人诧异的是，他竟然

251

采纳著名男高音卡瓦蒂纳的建议，创作了一首浪漫曲
《圣洁的阿依达》。威尔第在与吉斯兰佐尼商讨剧本
时，一会儿提议采用传统的想法，一会儿提议放弃形式
化的诗句，"以便能够清楚而准确地表达行动所需要的一
切。不幸的是，诗人和作曲家要有戏剧创作的天赋，使
戏剧既不能像诗歌也不能像音乐"。《阿依达》与之前
在"求索"之中的《唐·卡洛斯》形成了鲜明对比，它

安东尼奥·吉斯兰佐尼（1824—1893）是《阿依达》的编剧和《米兰音乐杂志》的编辑

《阿依达》1880年在巴黎演出的最后一幕（《画报》，玛丽·埃文斯）

是罗西尼式音乐结构方面的完美之作。

《阿依达》的故事发生在"法老时代"。拉达梅斯
受命指挥埃及军队，抗击埃塞俄比亚人入侵。这种"高
级政治"被嵌在一个永恒的三角恋爱关系中。法老的女

儿安奈瑞斯爱上了埃及军官拉达梅斯，却得知他爱上了她的埃塞俄比亚奴隶阿依达。埃及军队战胜后，埃及法老把安奈瑞斯许配给拉达姆斯，作为对他的奖赏。俘虏当中有阿依达的父亲埃塞尔比亚国王阿摩纳斯洛，他让阿依达在和拉达姆斯约会的时候，找到埃及军队进攻埃塞俄比亚的路线。拉达姆斯发现阿摩纳斯洛偷听他说话时，惊恐万分，最终以叛国罪判处他活埋的极刑。在这部巨作的最后一场中，舞台分成上下两层：上层是神殿，安奈瑞斯在圣殿中祈求和平，女祭司们赞颂伟大的神明；下层是密封的坟墓，拉达姆斯和阿依达死在彼此的怀里。

威尔第花了一些时间去学习古埃及的习俗和乐器，但他最终创造出自己的音乐风格。它听起来很真实，给歌剧增添了异域情调。与此同时，玛丽埃特在巴黎为开罗歌剧院的首映式制作了原汁原味的服装和布景，然而由于不可抗力，他和他的家人在法国首都的"假期"要延长到第二年冬天。1870年7月19日，普法战争爆发，所有人都预测拿破仑三世可以迅速解决掉俾斯麦。然而，事与愿违。9月2日，普鲁士在色当战役中击败了法国，俘虏了拿破仑和他的大部分军队。9月4日，巴黎爆发了和平革命，皇后欧仁妮悄然无声地逃往英国，又一个法兰西共和国诞生了。然而两周后，普鲁士军队包围了巴黎。热气球成了唯一的逃离工具，而鸽哨成了唯一的通讯工具，玛丽埃特连同《阿依达》的服装和布景都被困在巴黎居民中间。

1871年的新年，一位匿名评论员写道：

2个月来，巴黎的困境一直是一个笑话。到了第3个月，这个笑话就变了味。现在没有人觉得它可笑了，不久我们将要饿死。更糟糕的是，胃炎即将蔓延起来。含骨头的半磅马肉成了两个人3天的口粮，而在平时，这只是一个人的午餐。他们吃不起鸡肉或馅饼。没有肉吃，蔬菜也指望不上：一个小萝卜要八个苏，一磅洋葱要七个法郎。人们已经不提黄油了，除了蜡烛油和轴用油，其他一切的油脂都消失了。至于穷人的两大主

1870—1871年巴黎围城期间出售的狗、猫和老鼠（《危难中的巴黎》第二卷中的插图，伦敦，1882年）

食——土豆和奶酪也几乎要消失了。奶酪成了一种回忆，而你得有社会地位高的朋友，才能以20法郎买到一蒲式耳的土豆。巴黎的大部分人以咖啡、葡萄酒和面包为生。

动物园里的动物被杀，包括两头大象，才在某种程度上缓解了食物短缺；狗、猫和老鼠也被残忍地捕杀。人们蹲在下水道旁的排水沟里，希望捉到一只刚窜出来的老鼠。

威尔第从未打算参加在开罗举行的《阿依达》发布会，但他非常看重一个月后在斯卡拉歌剧院举行的《阿依达》的意大利首演。他承认巴黎被围困是一场"天灾"，同意将意大利的演出推迟到开罗首演之后。

法国从罗马撤军后，维托里奥·埃马努埃莱派遣意大利军队占领"圣彼得的遗产"，迫使教皇皮奥·诺诺撤回到梵蒂冈，教皇政权瓦解。但对包括威尔第在内的大多数意大利人来说，法国发生的事件给这个意大利统一史上的重要日子蒙上了阴影。他宣称"在罗马发生的事情是件大事，但它提不起我的兴趣"，而"法国的灾难却让我悲伤……毕竟，法国给现代世界带来了自由和文明。如果其倒下了，不要自欺，我们一切的自由和文明也会崩塌"。他要求杜·洛克先为《阿依达》预支2000法郎，用以救助法国伤员。

此时，他得到了一份最重要的任命，那就是接替12月17日去世的梅尔卡丹特，出任那不勒斯音乐学院院长。威尔第满怀感激，但他谢绝了，理由是他不懂学

257

术，也看重自己的自由。最终他答应主持一个政府委员会，为意大利音乐学院的改革提出建议。他的战斗口号是"让我们回到过去：那将是进步"，因为如同许多接受过成功教育的人一样，他认为"复制过去"是下一代的出路。

继普鲁士军队开始炮轰巴黎，德皇威廉在凡尔赛宫的镜廊宣布成为德意志帝国的第一任皇帝后，巴黎在1月投降，新成立的法兰西第三共和国议会只是名义上的共和。加里波第和维克多·雨果都曾试图挽救这个国家，但最终都厌恶地离开。议会迁至凡尔赛宫后，法国开始向德国求和，革命群体建立了"巴黎公社"（在中世纪，取得自治权的城市被称为"公社"）。当法国军队在沉默的德国军队的眼皮底下包围巴黎时，巴黎的第二次围攻开始了。公社成员射杀了包括巴黎大主教在内的67名人质，并烧毁了杜伊勒里宫、维尔旅馆和巴黎司法宫。4天后，社员在攻城中遭到了军队的屠杀。两三万人被枪杀，包括许多妇女和儿童，还有数千人被驱

巴黎公社（1871年），具有讽刺意味的是，有人在和平街上设置了铺路石垒（玛丽·埃文斯）

逐到新喀里多尼亚。震惊不已的威尔第在给卢卡尔迪的

信中写道："法国发生的事情令人痛苦和震惊。走极端

只会导致混乱。法国，或者更确切地说，是巴黎，把善

与恶都推向了极端，这就是后果。"最后，玛丽埃特一

家，还有布景和服装都被放行，这样，他们就可以安排

《阿依达》在开罗的首映式了。

音乐评论家菲利普·菲利皮写信给威尔第，告诉他

自己将出席在开罗举行的《阿依达》首映式。音乐评论

音乐评论员菲利普·菲利皮
（1830—1887）（西马绘）

家的角色在19世纪发生了巨大的转变：之前，他们的工作仅仅是记者，记录观众的反应和喜好，但是渐渐地，类似菲利皮这样的评论家开始给出了他们自己对作品的评论，并获得了许多音乐家们认为他们不配得的权威。威尔第认为评论家既让他欢喜，也让他忧愁。1871年12月8日，他写信回应了菲利皮的提议，并承诺在开罗为他做任何事：

我总是愉快地回忆起早些年的时候，我几乎没有一个朋友，没人搭理我，我没做任何的准备工作，也没有任何的影响力，我向公众展示我的歌剧。如果我能偶尔给人留下好的印象，我会非常地高兴。如今，每出戏都配备了一些什么人啊！记者、独唱家、合唱队、指挥家、演奏家等。所有这些人都必须给宣传大厦添砖加瓦，以便建立起一个充满卑鄙的流言蜚语的框架。这些流言蜚语不但不能增加歌剧的价值，反而掩盖了它的真正价值。真是可悲，太可悲了！

最终，《阿依达》于1871年平安夜在开罗的首演和1872年2月8日在米兰的首演都取得了巨大的成功。米兰首演之夜的次日，威尔第写信给奥普拉迪诺·阿里瓦贝

1871年12月24日，《阿依达》在开罗的首场演出（玛丽·埃文斯）

内："观众们都很喜欢《阿依达》。我不想和你假谦虚：
这绝不是我写过的最糟糕的东西，时间会赋予它应有的
地位。简而言之，这是一场成功的演出，它会让剧院爆
满。"然而，令他相当恼火的是，一些评论家再一次指
责他是瓦格纳主义。有一个名叫普洛斯彼罗·伯塔尼的
人，曾两次从雷吉欧到帕尔玛去观看《阿依达》。他极
度地不喜欢这部歌剧，以至于他为此花费的钱"像个幽
灵"一样在脑子里折磨着他，所以，他给威尔第寄了用
于支付两张火车票、两张戏票和"车站旁的一顿恶心晚
餐"的账单。威尔第心情愉快地吩咐里科迪给他少付些
晚饭钱，"因为他完全可以在家里吃。当然，他必须给
您寄一张收据，并写一份保证书，保证不再参加我的新
剧演出，这样他就不会再冒被幽灵折磨的危险，也不会
让我承担更多的旅行费用"。

特蕾莎·斯托尔茨在斯卡拉歌剧院的演出中饰演阿
依达。特蕾莎出生在一个放荡不羁的家庭。她的两个双
胞胎姐姐曾和作曲家路易吉·里奇一起住过。她们有时

会从隔壁的公寓，穿过衣柜来拜访他，这让她们声名狼
藉。她们偶尔会在里奇接待"尊贵"客人时，不合时宜
地从衣柜里出来。生于1834年的特蕾莎曾就读于布拉格
音乐学院，毕业后不久，便开始了她辉煌的女高音演唱
生涯，并最终与指挥家安杰洛·马里亚尼订婚。威尔第
对她的兴趣与日俱增，这很可能导致了他与安杰洛·马
里亚尼之间的矛盾。特蕾莎在圣阿加塔小住之后，威尔
第夫妇鼓励这位女高音与马里亚尼断绝关系。指挥家在
给一个朋友的信中痛苦地写道："她现在和威尔第非常亲
密，这足以显明她对我的爱有多少！我的朋友们，谁能
想到我所尊敬并且爱他们超过爱自己的两个人，会联合
起来这样对待我呢！"威尔第不得不向马里亚尼施加压
力，要求他归还斯托尔茨的部分财产，那是一笔他曾借
她却未归还的钱。

　　1871年，出版商弗朗西斯科·卢卡与威尔第的出版
商里科迪的商战进入新的阶段。卢卡委托马里亚尼指挥
《罗恩格林》在博洛尼亚的演出，威尔第也去聆听瓦格

瓦格纳的《罗恩格林》乐谱首页。1871年，《罗恩格林》的意大利首演在博洛尼亚举行，由马里亚尼指挥

纳的这部歌剧。二人在车站偶遇，当马里亚尼提出要帮威尔第拎包时，威尔第粗鲁地拒绝了他。

威尔第对待马里亚尼的方式深深地伤害了他。第二年秋天，当马里亚尼在博洛尼亚指挥《唐豪瑟》的演出时，人们经常在那不勒斯看到威尔第夫妇和特蕾莎·斯托尔茨在一起,他们在那里制作《唐·卡洛斯》和《阿依达》。那年晚些时候，马里亚尼身患癌症，病入膏肓。
他的身体深受疼痛和频繁大出血的煎熬，最终孤零零地
在热那亚的威尔第家中离世。"对艺术来说，这是多么
大的损失啊"，这是威尔第对一位昔日密友去世的唯一
记录。

威尔第和斯托尔茨是否是情人关系，我们不得而
知，但毫无疑问，威尔第被斯托尔茨深深地迷住了。朱

特蕾莎·斯托尔茨

塞佩娜信件的字里行间都透露出她此时的痛苦。她和威尔第在圣阿加塔有过几次争吵，然而，威尔第对那位女高音的事情有着超乎寻常的兴趣。她本人也给威尔第夫妇写了很多信，以至于朱塞佩娜有一次尖酸地说道："十六封信！！在这么短的时间内！！这是什么事情！！"事实上，保存下来的信件都无伤大雅，要么是谈论拜访他们的事情，要么是谈论戏剧圈里的一些流言蜚语。朱塞佩娜的情绪渐渐地低落了下来，这在1874年3月15日她写给克拉丽娜·玛菲的信中显露无遗：

人到了一定的年龄，就会活在回忆里。我们都有回忆，快乐的、悲伤的、宝贵的，但是，唉！我们并不都有幸能够把生者对我们的喜爱和友情原封不动地保存下来，或者至少可以心存一种能够拥有它们的幻想，它们赋予了生活的意义。

1875年9月，《佛罗伦萨独立报》刊登了一篇谩骂威尔第和斯托尔茨的文章。其中的一项指控是，威尔

1878年，朱塞佩娜

第的钱包在他们幽会的时候从口袋里滑落到斯托尔茨在

米兰酒店房间的沙发上，后来被一名侍者发现了。令人

意想不到的是，朱塞佩娜很快向斯托尔茨承诺，威尔第

的别墅依然欢迎她。事实上，威尔第和斯托尔茨两个人

此时似乎都在与对方划清界限。有一次，威尔第夫妇只

邀请斯托尔茨去做客，她却带上了玛丽亚·瓦尔德曼；

威尔第本人则拒绝去俄国指挥一场有斯托尔茨演唱的演

出。此外，他们在通信时，从不使用亲密的称呼语，而总是使用正式的第二人称，甚至是第三人称。

1876年4月，朱塞佩娜在她的一本书上写了一封信的草稿（威尔第是否收到过这封信还不得而知）：

在我看来，你去拜访一位既不是你的女儿，也不是你的姐妹，也不是你的妻子的女士，似乎不合适！我没有注意到这一点，我立刻看出你生气了……在我看来，你不去见那位女士，也可以过24小时……

我不知道里面有否有什么隐情……我只知道，从1872年以来，你对我一直很殷勤、很在意，任何女人都无法用更恰当的说法来解释。

如果里面有什么的话……让我们来解决这个问题。坦率地说吧，不要让我因为你对我的过分尊重而感到羞辱。

如果你们之间没有什么私情……那你在面对大家注视的时候，要更加冷静、自然，不要排斥。有时你得想想，我，你的妻子，藐视过去的谣言，此刻正生活在一个三人的世界里。我有权利要求你，即使不是为了你对我的爱，至少也是为了你好。

6个月之后，到了10月份，特蕾莎·斯托尔茨在圣阿加塔小住后，朱塞佩娜又写了一封信，开头写道："既然命运注定了此刻我所有的幸福将离我而去……"有证据表明，她在写这封信的时候，已经和她姐姐一起住在克雷莫纳了。但是，62岁的威尔第此时似乎已经不再迷恋比他年轻20岁的斯托尔茨，他们做了一辈子的朋友。每逢威尔第和朱塞佩娜的生日和命名日，特蕾

269

1873年，威尔第（V.杰米特雕刻，藏于圣阿加塔的威尔第别墅）

莎·斯托尔茨还会去看望他们，有时也和他们一起去蒙特卡蒂尼取水。

在他私生活很混乱的这段时间里，威尔第并没有在专业上懈怠。1873年初，斯托尔茨在那不勒斯逗留期间病倒了，《阿依达》不得不延期上演。于是，威尔第花时间写了一首《e小调弦乐四重奏》，并在居住的酒店里，向一群朋友表演了这首作品。随后，威尔第把这首曲子作为一个"无关紧要的东西"搁置一边，直到1877年，他被劝说出版了这首《e小调弦乐四重奏》。他总是认为，创作这首弦乐四重奏"纯粹是为了消遣"。它的曲调十分优美，具有谐谑曲的风格且令人开心。

接下来，威尔第创作了另外一部更重要的非歌剧类的作品。1873年5月22日，89岁的曼佐尼在米兰去世。威尔第悲痛万分，以至于他没有参加这位他百般崇敬的、伟大的意大利人的葬礼，但他后来独自去曼佐尼的坟墓祭奠。5月底，他写信给玛菲伯爵夫人：

随着曼佐尼的离世，我们的那份最纯洁、最神圣、最崇高的荣耀也终结了。我读过许多报纸，但没有一份报纸给了他应有的评价。虽然有那么多的文字，但没有一句令人感触深刻，甚至对他不乏尖刻的评论！哦，我们是一个多么丑陋的种族啊！

于是，威尔第决定努力写一些更配得上《约婚夫

在生命最后一年的亚历山德罗·曼佐尼（1785—1873）。他最被歌德大加推崇的著名作品是其创作于1825年的《普罗梅西·斯波西》（一个发生在16世纪米兰的浪漫故事），这本书在不到50年的时间里就出版了118个版本

妇》作者的音乐。他向米兰市长和市政委员会提议，他将创作一首安魂曲，并支付出版的费用，前提是他们愿意承担第一次演出的费用。他们同意了威尔第的提议。于是，威尔第在夏天开始了这项工作，当时他和朱塞佩娜正在巴黎，而法兰西第三共和国政权也在巴黎的政治动荡中诞生。在创作的过程中，威尔第使用了一些他曾为命运多舛的罗西尼的《安魂弥撒》所写的那首《拯救我》（*Libera me*）里的音乐素材。1874年5月22日（正值曼佐尼逝世一周年纪念日），《安魂曲》在米兰圣马可教堂举行首演。演出取得了巨大的成功，以至于在斯卡拉剧院又上演了三场。演出的女高音是特蕾莎·斯托尔茨，威尔第后来赠给了她乐谱的手稿。诚然，《安魂曲》是一个用于演出的作品，是这位歌剧作曲家的巅峰之作，而不是一个组成教堂弥撒的演唱作品。德国钢琴家兼指挥家汉斯·冯·比洛在报纸上宣称："汉斯·冯·比洛没有出席昨天在圣马可教堂举行的演出。"后来勃拉姆斯查看了乐谱，说道："比洛是自取其

272

在斯卡拉剧院举行《安魂曲》首场演出，由威尔第亲自指挥，参加歌手包括梅尼、卡波尼、
瓦尔德曼和斯托尔茨。朱塞佩娜在写给自己的塞尔瓦托·马纳斯科（热那亚大主教）的许多
信中，评论了威尔第对待宗教的态度。"威尔第，"她写道，"不善交流，心胸宽广，但他
的灵魂非常敏感……他尊重宗教，像我一样是一个信徒。他从不放弃做一个好基督徒必须做
的事……威尔第是一个虔诚的基督徒，比那些希望比他更虔诚的人更虔诚。"她在其他地方
说："威尔第的作品如同他本人……《安魂曲》的宗教精神及其表现方式必须带有时代的烙印
和作者的个性。如果威尔第的弥撒是按照A，B或C的式样来做的，那么我不会赞成的。"

辱，这是一部天才之作。"然而，有人已经注意到比洛
随后就撤回了他轻率的声明。

　　《安魂曲》开始了巡演，并于同年和次年在巴黎、
维也纳和伦敦举行了演出。其中，在伦敦的阿尔伯特音
乐厅上演了3次，演出伴有1200人的合唱团，与精心挑
选的120人的圣马可合唱团形成了鲜明对比。威尔第在
英国期间，还设法去水晶宫参加了盛大的汉德尔节。

《安魂曲》的大部分音乐情节都生动逼真并富有戏剧性，尤其是中世纪拉丁序列《末日经》（*Dies irae*）的情节部分，然而，它的情感是真挚的，尽管不可知论者威尔第在作品的结尾表达了女高音反复请求免于最后审判的不确定性，但是他再次强调了死亡是生命全部的观点，这是他关于人性本质的一个消极的看法。

1880年，巴黎版《阿依达》演出舞台下的乐队（1880年10月30日，玛丽·埃文斯绘）

PART 9

Movement

第
九
章 /

两部杰作

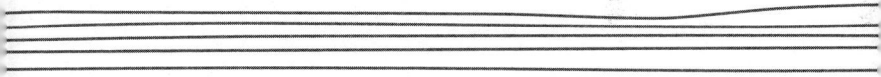

威尔第的天赋当中最令人惊奇的一面是他永不枯竭的才能。他能够不断地把新的经验融入创作之中，并接连在每一部作品中呈现一些全新的、但又深深扎根于过去的元素。

——朱利安·巴登

在创作完《阿依达》之后，威尔第似乎又一次地放弃了继续进行歌剧创作的所有想法，直至15年后，《奥赛罗》举行首演。在停笔的这段期间里，他确实修改了两部歌剧。不过，在1875年3月，他向克拉丽娜声称，他就此搁笔，并且他没有义务再为任何人创作歌剧。1876年7月，他写信给将要退出舞台去结婚的玛丽亚·瓦尔德曼：

你在威尼斯待的这一段时间里，平静而又快乐。你只需参加这一季的排演，这将是你职业生涯中的最后一次了……最后一次！这是一个多么令人悲伤的词语，它唤起了我点点滴滴的回忆，迎接一个充满兴奋的生活，尽管这令人悲欣交集，但对于那些具有艺术家气质的人来说，它总是那么亲切。然而，你是幸运的，因为你将会在你命运的变化中找到许多的慰藉。但对另外一些人来说，"最后"却非意味如此，而是"一切都结束了"！

威尔第在1870年里多次出国，去参加《安魂曲》的演出，并于1880年3月前往巴黎，出席法语版《阿依达》的首演。即便如此，他的情绪始终十分消沉和低落。在他们的婚姻经历"七年之痒"的那段日子里，朱塞佩娜的心因她、威尔第和斯托尔茨之间的三角关系而悲伤，但是威尔第本人却更多地因公共事务而沮丧。他一再地描写德国的崛起之势，那被其称为"无情的、钢铁一般的国家"，而它似乎将要吞噬掉意大利的戏剧传统。举例来说，当巴黎的意大利剧院关门歇业，它的指挥穆齐奥失去工作时，没有人可以让它重新开放。此外，威尔第如同他的许多同胞一样，因为意大利新王国没有实现复兴运动的远大希望，经历了幻想的破灭。

当他发现里柯尔蒂的账目"有猫腻"的时候，他更加郁闷了，脾气也因此越来越暴躁。他把《弄臣》之后的有关租赁他歌剧的所有合同都看了一遍，最后结清了之前的5万里亚尔的未付佣金。"这比我应得的要少。"他写道。他也意识到他与蒂托·里科迪的关系再也不可能像以前那样了。幸运的是，里科迪的儿子朱利奥，现在接管了与这位作曲家的所有交易，他的机智和商业头脑被发挥得淋漓尽致。他不仅以他的父亲和祖父从未有过的方式，成了威尔第所看重的朋友，他还让威尔第重拾歌剧创作，并拿下了他与编剧最成功的一次合作。

在从《阿依达》到《奥赛罗》的那段日子里，威尔第特别地苦闷，因为他要经常处理他与朋友们的经济纠纷。继比才的歌剧《卡门》失败之后，法国"喜歌剧"

279

传统也崩塌了，威尔第也因此打了一场不愉快的官司，起因是他事先支付给剧院的导演杜·罗塞尔的一笔预约金。此后，埃斯库迪尔在意大利剧院失败了，威尔第随后写给他的信简短而伤人，下一个轮到他的那不勒斯朋友凯撒·德·桑克蒂斯了。由于凯撒无力偿还一笔2.5万里拉的贷款，威尔第建议他定期运送一些那不勒斯面食来偿还这笔钱。尽管好心的朱塞佩娜此后仍与桑克蒂斯通信，但威尔第再也没有给他写过信了。最后，他们发现圣阿加塔的管家毛罗·科提切用两个仆人的存款做投机生意，并把钱输掉的事情。当毛罗被解雇时，他试图自杀，但没有成功。

没有人可以逃离死神的召唤，包括那些深受威尔第尊敬和喜爱的人物。1878年，维托里奥·埃马努埃莱国王、皮奥·诺诺教皇、索莱拉和皮雅维都离世了。虽然威尔第已经多年没和这两位剧作家见面，国王和教皇的成就并未获得广泛的赞誉，但是他们的死标志着一个时代的结束，并预示着威尔第将会在未来的年月里，目睹他最珍视的人相继离他而去。

　　然而，在那一年里，仍然有一个幸福的时刻。19岁的玛丽亚·威尔第与他们在布塞托的朋友兼律师的儿子阿尔贝托·卡拉拉结婚了。婚礼在威尔第刚刚完工的别墅小教堂中举行。一家人都很高兴。第二年，玛丽亚生下了一个婴儿，威尔第自豪地写道：“你知道我们的玛丽亚有一个漂亮的宝宝吗？我无法形容所有人的那份快乐

玛丽亚·卡拉拉－威尔第是威尔第的养女

阿尔贝托·卡拉拉

之情，尤其是朱塞佩娜和卡拉拉一家的喜乐。所有人都

无比地喜爱这个小女婴，不停地亲吻她的小嘴。那时，

威尔第和朱塞佩娜已经从他们在热那亚过冬的住所搬到

另一处的宅子里。那儿有十二个房间，一个漂亮的花园

和一个巨大的露台，在那儿可以观赏到海港的美景。他

们很喜欢那里，所以他们每年都要去那里过冬。虽然威

尔第在1875年被任命为意大利的参议员，但是他很少参

与公共活动。官方的声明强调了威尔第对意大利税收的

巨大贡献，而不是他的音乐，这让许多欣赏威尔第音乐才华的人感到有些失望。

直到1879年，朱利奥·里科迪才让威尔第重新燃起创作歌剧的兴趣。里科迪向威尔第推荐了阿里戈·博伊托的一个剧本。威尔第曾和博伊托在《国际歌》中合作过，然而后来，博伊托写的一首诗破坏了他们之间的合作。在那首诗中，博伊托向他的朋友弗兰克·法西奥创作的歌剧《佛兰德逃犯》（*The Flemish fugitives*）致意，称赞法西奥注定要洁净已经"污秽得像妓院的墙"

朱利奥·里科迪（1840—1912）

的意大利歌剧神坛。威尔第回信说："如果我也像博伊托所说的那样，和别人一起弄脏了祭坛，让他来洁净吧，我会第一个去点上蜡烛。"但事实上，博伊托只是一位理论家，他无法将自己倡导的东西付诸实践。他曾预言意大利音乐将迎来新的曙光，然而，他的歌剧《梅菲斯托费勒》（*Mefistofele*）在1868年的首演却是一场灾难（虽然1875年的修订版取得了一些成功）。也就在那一年，博伊托和威尔第重归于好，事情的起因是教育部长埃米利奥·布罗里奥谴责威尔第的《唐·卡洛斯》（以及威尔第的其他作品）和博伊托的歌剧，把他们分别贬低成"音乐乳齿像"和"梅菲斯托的假设"。威尔第随即归还了布罗里奥部长刚刚授予他的意大利皇冠勋章，并说他寄错人了。博伊托写了一封精彩幽默的公开信。在信中他明确地向部长说，自罗西尼时代以来，诞生了许多伟大的歌剧作曲家，威尔第本人"还活着，身体健康，仍在创作"。

尽管博伊托只是里科迪的一位雇佣作曲家，但是他摒弃了冒失鲁莽和年少轻狂，并且也不再是理想主义，他成为了推动音乐发展的一个重要力量。由于他为博洛尼亚的《罗恩格林》的演出做了充分的准备，演出取得了巨大成功，瓦格纳甚至给他写了一封公开信来感谢他。作为米兰市议会议员，博伊托成功地说服议员们为威尔第的《安魂曲》的首次演出买单。

很明显，有人在威尔第的背后设计了一个小计谋。1879年7月，威尔第在米兰举行了《安魂曲》的慈善演出，以此帮助波河洪水中的灾民。当法乔和里科迪与威尔第夫妇在格兰德酒店共进晚餐时，他们成功地把话题引到了博伊托和《奥赛罗》上面。里科迪后来回忆说："我一提到《奥赛罗》，威尔第就目不转睛地盯着我，眼神里充满了怀疑和兴奋。

弗兰克·法乔（1840—1891）（西马绘）

285

弗朗茨·李斯特出生于1811年，1886年7月31日在拜罗伊特去世。李斯特是瓦格纳的岳父，是19世纪最伟大的钢琴家，当时最进步的作曲家和教师之一。李斯特以歌剧改编和释义而闻名。他改编的歌剧中有九部来自威尔第的作品：从第一部作品《耶路撒冷的万福圣母》[改编自《第一次十字军中的伦巴第人》（1848）]，到最后一部作品《西蒙·波卡内格拉》[改编自里科迪1883年的同名出版物）。除此以外，李斯特还使用了《厄尔南尼》《游吟诗人》《弄臣》《唐·卡洛斯》《阿依达》和《安魂曲》中的素材（纳达尔）

毫无疑问，他已经完全地理解我的意图并给出反应了。

我相信时候到了。"事实上，他们成功地说服了威尔第

在第二天去见博伊托。3天之后，博伊托向威尔第递交

了《奥赛罗》剧本中的一幕。显然，在那场决定命运的宴会之前，他已经开始创作剧本了。威尔第看完说："去写剧本吧，这样可以让你自己、让我、让别人有备无患。"

为了不泄露这部可能会成形的新歌剧的消息，大家决定称之为"巧克力计划"。当里科迪提议带"一个朋友"到圣阿加塔时，威尔第坚决反对。"如果你现在要和博伊托一起来我这里的话，那么我只好读一读他的剧本。假如我认为他的剧本无可挑剔，你把它留给我，我将会全心全意地进行创作。"因此，里科迪只好独自一人前去拜访。虽然威尔第从未承诺过要创作《奥赛罗》，但是他开始看一些相关的服装和图片，以便更清楚地想象剧中的人物。博伊托牙龈肿痛，不能高

阿里戈·博伊托（1842—1918）

287

效地工作，以至于他整个夏天都在创作剧本（他称之为"制造巧克力"）。到了秋天，他向威尔第展示了《奥赛罗》剧本的部分内容，在听到威尔第的赞许后，他很开心。然而，这一年很快就过去了，1880年新年到来之际，威尔第向画家多梅尼科·莫雷利建议，他应该画一幅《奥赛罗》的素描，以与他寄来的《李尔王》中的素描相匹配。（摄影科学在19世纪下半叶发展迅速。）

然而，"巧克力计划"仍只是一个想法。1880年4月18日，威尔第为《天主经》（*Pater Noster*）和《圣

288

19世纪70年代的威尔第

母颂》（*Ave Maria*）的配曲在米兰首次亮相，但是《奥赛罗》里苔丝狄蒙娜那首简单而优美的祈祷曲依然没有眉目。朱塞佩娜建议那些"密谋者"们，"暂时不要动它们，维持它们的原样，把那个'摩尔人'压在箱底"。于是，里科迪想起了他在1868年提出来的《西蒙·波卡内格拉》改写计划。这一次，威尔第在5月2日很不客气地回复了他："昨天我收到一个大包裹，我想是《西蒙·波卡内格拉》的乐谱。如果你过6个月、1年或者2—3年再到圣阿加达来，你会发现那个包裹还在那儿，和你寄给我的时候一模一样。我讨厌这些没有意义的东西。"但在下一年，威尔第最终妥协了，同意与博伊托一起合作修改《西蒙·波卡内格拉》。

在最近发现的一封写于1880年12月8日的信里，博伊托把《西蒙·波卡内格拉》比作一张摇摇欲坠的桌子，只有一条腿，也就是序言是完好的。他还说，没有哪一个角色足够鲜活而令人惊叹！他给威尔第寄去了其中一场的全新大纲，威尔第虽然欣赏这个方案，但觉得工作量太大了。他于12月11日答复说：

> 很遗憾，我们得放弃这一场，保留会议厅的那一
> 幕。您的评论很中肯，然而，您执着于创作更崇高的作
> 品，脑子里想的是《奥赛罗》，您追求的是一个不可能
> 实现的完美之作。我的目标比您低，因此我比您乐观，
> 不绝望。我承认这张桌子有点摇晃，但是如果稍稍把桌
> 腿调整一下，它还是会立起来的。我知道没有一个角色
> 会让人惊叹他"来自于生活"。尽管如此，在我看来，
> 菲耶斯科和西蒙尼这样的人物还是有可取之处的。

之后，威尔第和博伊托花了6个星期的时间来商讨剧本修改事宜。如果新的版本说和原作有什么不同的话，那就是情节变得更加模糊不明了。威尔第写信给他的朋友说："如果你现在真的想知道，我可以告诉你，我认为虽然《西蒙·波卡内格拉》的主题很悲伤，但是它将会像它的姐妹剧一样，在剧院里巡回演出。它如此悲伤是因为它必须悲伤，然而它却扣人心弦。"然而，

这并不是他在整部歌剧中发现的唯一不足。在1880年12月
2日写给里科迪的信中，他说道："《福尔扎》里的人物
是现成的，然而，《西蒙·波卡内格拉》中的人物是创
作出来的。换句话说，要想让《西蒙·波卡内格拉》获
得成功，演员必须有非常高的表演水准。"毫无疑问，
这部剧有它的缺陷。威尔第在新的时代背景下修改一部
卡巴莱塔时代的作品，然而，在当时卡巴莱塔风格已经
绝迹。《西蒙·波卡内格拉》的每一场就是一个基本单
元，情节复杂而阴郁，男声演唱低沉，因此它不像威尔
第后期的其他歌剧那样一下子就能吸引人。1881年3月
24日的首演由博伊托的朋友弗兰克·法西奥指挥，当时
他已经取代马里亚尼成为意大利的首席指挥。剧中的主
角扮演者莫雷和塔马格诺很快扮演了伊阿古和奥赛罗。

　　1880年夏天，威尔第开始与博伊托就《奥赛罗》剧
本的细节问题进行沟通，但进展依然缓慢。每逢圣诞
节，里科迪就给威尔第送去一块蛋糕，蛋糕上有一个涂
着巧克力糖衣的摩尔人，以委婉地提醒他要加快《奥赛

理查德·瓦格纳（1813—1883）是威尔第同时代的一位伟大作曲家。威尔第最看重主题及音乐技巧间的和谐，瓦格纳则专注于主题与和谐的理念，及细微但重要的差异

292　罗》的创作进度。1882年底及接下来的一整年里，威尔第都在忙于修订《唐·卡洛斯》，只通过中间人与杜·洛克联系。

　　与此同时，岁月消逝，各种不幸接踵而至。1883年2月13日，瓦格纳在威尼斯离世。威尔第写信给里科迪说："离我们而去的是一位伟人。一位在艺术史上留下浓墨重彩的大家。"卡罗·滕卡离开了人世，他是玛菲伯爵夫人真正的丈夫。威尔第很佩服玛菲夫人的勇气，说："我知道在这样的悲痛中，没有任何的言语能给你带来安慰。"同时，他感叹道："我真是活得太久了，我觉得……我觉得生命真是一个愚蠢至极，毫无意义的事情。我们该怎么办？我们该怎么办？一句话，一个答案：在着愧和极度悲伤中活着：什么也不是！"威尔第的世界正在发生急速的变化，如同1881年米兰工业博览会展示的那样。那次博览会在由钢铁和玻璃搭建的、气体照明的维克托·伊曼纽尔二世拱廊中举行。带着火焰的小发动机在圆形穹顶的内部运行，点燃两千个气喷嘴，是米兰的一大景观。

煤气照明的出现给剧院带来了巨大的变化。在此之前，剧院仅靠烛光照明，并且包厢里的蜡烛在演出时也不熄灭，这样人们可以互相交流。通常，舞台下的聊天声应和着舞台上的歌声。《阿依达》的演出由煤气照明。1879年爱迪生发明了电灯泡，新的照明方式大大减少了剧院的收入，因为这种方式会调暗观众席的灯光，

维克托·伊曼纽尔二世拱廊装有煤气灯，廊顶由玻璃和钢铁搭建而成

以致观众在演出期间无法交谈，社交人士也因此不再捧场。但也意味着，那些真正愿意欣赏威尔第后期伟大作品的音乐爱好者成了观众的主体。

1884年春天，"巧克力计划"差点夭折。一家报纸刊登了博伊托说他很抱歉，不能透露《奥赛罗》写歌剧脚本的消息。不过后来，他让威尔第相信是别人误用了他的话："只有你才能给《奥赛罗》谱曲，你的一切作品都在说明这个事实。"然而，威尔第警告他说："这一切让我对创作《奥赛罗》的热情不再那么高涨了，也让我那只已经画了几个音符的手不再那么灵活了。"

博伊托忙着帮普契尼物色一家剧院来上演他的第一部歌剧《群妖围舞》（*Le Villi*），威尔第则忙着一些日常琐事，包括在离圣阿加塔不远的维拉诺瓦募资建造一座有12张床位的医院。他全程密切地参与到设计、职工选择和建设当中。

这家医院在1887年对外开放，威尔第拒绝以他本人的名字来命名，故此，医院的正面只刻有简单的"医院"二字。许多人因此认为可以从威尔第那儿获取源源不断的资金，这使他不得不狠心地拒绝一些提议，比如恢复圣阿加塔的教堂或慷慨捐助佛罗伦萨大教堂。

威尔第在1885年10月完成了《奥赛罗》的乐曲创作，并在第二年对乐曲进行了修正和配曲。故此，直到1886年11月，他才写信给博伊托：

终于完成了。

作品和我们见面了（当然包括他）。

挥手再见吧！

那些匆匆作曲和匆忙编排的日子一去不复返。事实证明，博伊托是一位令人钦佩的剧作家，他愿意与人商讨、修改和重写剧本。并且，他本人有很高超的音乐造诣，选择放弃莎士比亚原作中第一幕是他最明智的一个决定。在原作中，奥赛罗在威尼斯元老院和布拉班修面前为自己辩护。相反，歌剧以巨大的悬念开场。一群人在海边焦急地等待着战胜土耳其人的奥赛罗凯旋，不料却目睹了一场海上风暴。奥赛罗边唱着"欢呼吧"，边穿过舞台着陆，这是一个令人惊讶的、简短的首次亮相。然而，很快，他就建立起他的权威和权力，这与这

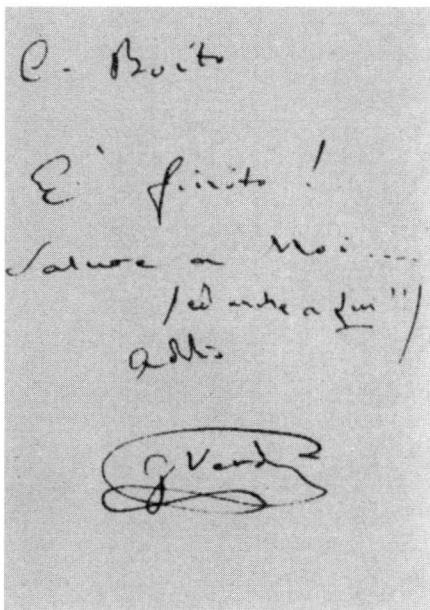

威尔第在《奥赛罗》完稿时，给博伊托写的便条

297

场尾声时他与苔丝狄蒙娜的爱情二重唱形成了鲜明的
反差。

　　博伊托的另一个重要的创新是发明了伊阿古的"人
生信条"。在其中，伊阿古大谈特谈他的仇恨哲学，展
现了他充满邪恶之念的内心，他自知他生来就是要实现
邪恶。

再一次，凄美动人的《杨柳之歌》（*Willow Song*）和《圣母颂》，在渲染悲情的同时，也增加了悬念。博伊托与威尔第把最后一场收聚在一个相当简短的决议中，以此创造出一个充满悲剧色彩，但又宏伟的结局。

"梦想已成真，"博伊托写道，"得为歌剧挑选演员了。"维克多·莫雷提醒威尔第，他曾经答应由他演伊阿古这个角色。威尔第起初想拒绝，但最终还是同意了。莫雷极其认真地面对这个角色，正如穆齐奥向里科迪所说的那样："他甚至想剃掉胡子，因为他觉得满脸的胡子会让他的脸显得太柔和……第二幕的他顽皮、幽默、喜欢揶揄人，但自从他笃信'邪恶信条'之后，就变得令人发指。他说他的面部动作需要被清楚地看到！"然而，是否由弗朗西斯科·塔马格诺出演奥赛罗，威尔第举棋不定，因为他不确定塔马格诺是否可以足够饱满地演唱，因为他"必须一直以饱满的声音歌唱，否则他的音调就会变得刺耳和不稳定"。最后，威尔第全程指导他，甚至教他如何正确地刺伤自己，甚至

维克多·莫雷（1848—1923）是伊阿古的首位扮演者。巴黎的《奥赛罗》首演前，他和威尔第在化妆间做表演前的准备

不顾74岁的高龄，在排练时演示如何从讲台上滚下来。

塔马格诺和莫雷都取得了巨大的成功，但是罗米达·潘塔利奥尼扮演的苔丝狄蒙娜差强人意，她没有表现出威尔第认为的这个角色所必需的那种天真和温柔。罗米达·潘塔利奥尼是担任指挥的弗兰克·法西奥钟爱并推荐的一位女高音。

1887年2月5日，《奥赛罗》在斯卡拉歌剧院的首演取得了轰动性的成功，用朱利安·巴顿的话说，"是意大利历史上的一个伟大时刻"。威尔第和博伊托被捧上了天。清晨5点，街上的人群仍在高喊："威尔第万岁！"虽然有些人惋惜于追求简单的音乐戏剧的时代正在远去，但大多数人都称赞这是一部伟大的作品。安东尼奥·福加扎罗宣称："从现在开始，再也不可能为荒诞的剧本和伤感的诗歌配乐了。因为《奥赛罗》歌剧中的音乐忠实地传达了歌词，而歌词必须具有传达的价值。

弗朗西斯科·塔马格诺（1851—1915）在《奥赛罗》最后一场中的演出

《奥赛罗》在斯卡拉歌剧院的首场演出

年轻的托斯卡尼尼冲回家，把母亲从床上拽起来，强迫
她跪在地板上，重复着'威尔第万岁！'。"不管它是否
优于《法斯塔夫》，或者胜于莎士比亚的《奥赛罗》，
威尔第的歌剧《奥赛罗》一直是意大利最伟大的悲情歌
剧。它剖析了人类骚动的灵魂：它的激情，它的阴暗，
以及它美丽的存在。这是一部无与伦比的作品，由三个
人的才华——莎士比亚、博伊托和威尔第汇集而成，而
令人期盼的是，《奥赛罗》并不是他们留给人类的最后
遗产。

很自然，威尔第随即被催促再创作一部歌剧。斯卡

拉歌剧院的管理层建议他把《堂吉诃德》改编成一部喜剧，但威尔第没有受到一丝一毫的诱惑。在接下来两年半的时间里，他全身心地回归到乡村生活，拒绝去罗马参加《奥赛罗》的首次制作，反而去监督建造医院。医院一旦对外开放，他就需要付出更多的关心和关注。1889年1月，威尔第听到许多人抱怨食物和酒不够，并且那些付不起丧葬费的人也要被收费，他对此感到沮丧。在他威胁要立刻关闭医院后，一切才开始步上正轨。贫穷、饥饿和疾病在意大利与法国关税战争的特殊期间愈演愈烈，因此在意大利医院变得至关重要。目睹成千上万的意大利人移民国外，威尔第心中极度担忧意大利的处境。在他的任期内，他尽其所能地改善这种情况：降低租金，开垦波河附近的沼泽地用于农业生产，建造了三个新的奶牛场以缓解失业，并引进了一个新的灌溉系统。

1889年7月，博伊托给威尔第寄去一份《法斯塔夫》歌剧的大纲，威尔第瞬间就被这个想法吸引住了。

威尔第（1889年）

然而他在回信中却这样说："如果一个人生活在理想的王国里，任何一种前景都会令他愉悦，但当他脚踏实地，去面对实际问题时，就会心生怀疑和沮丧。当你做《法斯塔夫》的大纲时，难道没有想到我年事已高了吗？"

博伊托以诗人福斯科洛的名言"微笑可以使生活锦上添花"回复了威尔第，他还催逼威尔第去证明那些认为《奥赛罗》"已经是最好"的人是错的。"你这一生都在寻找一个好的喜剧歌剧题材，这表明你的大脑已经在思考用高尚的形式来表现令人愉悦的艺术。"威尔第回答说："阿们！就这样吧，我们着手写《法斯塔夫》吧，不再考虑任何的困难、年龄或疾病。"

于是，博伊托立即开始了他的工作，虽然他发现"要从巨大的莎士比亚橘子中提取汁液而又不让无用的渣子滑进小玻璃杯"是一件困难的事，但他还是超越了自己，成功地塑造了在恋爱中的约翰爵士。据说伊丽莎白一世曾要求莎士比亚写一部描写法斯塔夫恋爱的戏剧，但由于时间太紧，莎士比亚只能在《温莎的风流娘儿们》（*The Merry Wives of Windsor*）中加入一些呆板的人物。博伊托从原剧中汲取了约翰爵士的许多独特之处，并将其刻画成一个充满活力的人物。

威尔第坚持每天创作，但为了保持健康，他每天的工作时间不超过2小时。令人惊讶的是，他几乎原封不动地保留了博伊托的文字，大部分内容都和他刚收到时的一致。在此期间，他几乎没有参与任何公共事务，只同意成为波恩"贝多芬音乐协会"的荣誉会员。1892

年，斯卡拉剧院举行了"纪念已逝作曲家罗西尼诞辰

一百周年"的音乐会，他在其中担任指挥。尽管贺电如

潮水一般涌来，甚至有一封来自国王，他还是拒绝了参

与斯卡拉歌剧院计划举办的纪念《奥贝尔托》周年活动

的邀请。然而一个人的离世却给这喜庆的气氛蒙上了阴

影——穆齐奥凄凄惨惨地离开了这个世界。他唯一的孩

子死了，美国的妻子也离开了他，最后他孤独地死在巴

黎的一家医院里。

《法斯塔夫》即将完
成的消息不胫而走，起因
是1890年11月在米兰格兰
德酒店的一次宴会上，朱
塞佩娜提议祝酒："我为
大肚子干杯。"这让里科
迪已婚且怀孕的女儿极为
尴尬，直到朱塞佩娜加上

1890年，朱塞佩娜

"为大肚子法斯塔夫干杯"。1890年12月3日,威尔第给艺术评论家吉诺·蒙纳尔迪写信,吉诺后来写了一系列有关威尔第的完全失真的"往事":

威尔第在信中解释说:"我能告诉你什么呢?40年来,我一直想写一部喜剧歌剧;50年前,我与《温莎的风流娘儿们》结下不解之缘。然而,司空见惯的'但是'总是阻止我做我想做的事情。现在,博伊托扫除了所有的'但是',给我写了一部与众不同的抒情喜剧。为这部喜剧作曲带给我很大的乐趣。我没有计划,我甚至不知道我是否能完成它……我再说一遍,我很享受这个过程。"

毋庸置疑,威尔第被整个创作之中的喜剧精神深深地感染,他和博伊托之间的通信也因此变得异常有趣。例如,1891年6月12日,他在给博伊托的信中说:

大腹便便的老头子差不多要发疯了。他会一连几天不动弹,只睡觉,暴躁易怒。在其他日子,他又叫又跑又跳，闹得很凶。我允许他稍微地放纵一下他的怪念头。如果他再这样下去，我就要给他套上口套，穿上紧身短上衣。

博伊托2天后回信说：

好！好！好！让他走，让他跑，他会打烂你所有的窗户和你房间里所有的家具——没关系，你会再买新的。他会砸烂你的钢琴——没关系，你可以再买一台。只要能完成这部伟大的剧作，让一切都翻天覆地吧。继续骚动吧！继续混乱吧！这样的混乱如阳光一样清澈又如疯人院那样令人眩晕！

不幸的法西奥重复了多尼采蒂的命运，变得精神失常，并在一年后的1891年7月与世长辞。博伊托在1890年接任帕尔马音乐学院院长的工作，以便法西奥有收入来源。法西奥离世之后，博伊托和威尔第计划任命爱德华多·马斯切罗尼为斯卡拉歌剧院的指挥，这意味着他

威尔第和博伊托在圣阿加塔

将执导《法斯塔夫》的首场演出。

25年后，托斯卡尼尼在《法斯塔夫》的手稿中发现了威尔第写的以下文字：

> （唱）一切都结束了（唱）走，走，老约翰。尽可能多地走你的路。在任何时候，任何地方，做一个戴着不同面具且永远真实的流氓。走，走，走，走，再见。

首演原本可能已经散场了，但是要唱主角的马瑞尔在首演前突然索要天价片酬，并要独占法斯塔夫一角。于是，首演陷入困局。威尔第进行反击，威胁要从斯卡拉歌剧院撤下《法斯塔夫》，原因是斯卡拉歌剧院过于宽

敞，不适合呈现歌剧中的亲密场景。然而，问题最终得
以解决，排练继续。尽管威尔第已到耄耋之年，他还是
坚持每天参加长达8小时的排练，并且还经受住了来自
记者、朋友、祝福者和无聊者的狂轰乱炸。1893年2月9
日，《法斯塔夫》举行首演。尽管演出尚有瑕疵，但毫
无悬念的是，它又是一场胜利。演出结束后，威尔第和
博伊托只能从一个侧门逃出剧院，然后被迫在酒店的阳
台上露脸几次，直到欢呼的人群散去。当威尔第去罗马
参加《法斯塔夫》的首映式时，他再一次被人拥堵，以
至于不得不偷偷地溜进车站工人的工具间，以逃离拥挤
的人群。罗马首映之夜，国王和王后将威尔第引到他们
包厢的前面，威尔第在那里独自接受观众们的喝彩。

　　《法斯塔夫》让公众感觉威尔第的才思已经枯竭。
没有一段乐曲可以用于单独表演，也没有创作宣叙调。
乐句的旋律大多来自于语言的节奏，并且它们被呈现的
速度极快，以至于很难在听者的脑中"留存"。然而，
这部歌剧被赋予了一种独有的"浑然一体"品质。威尔

第早期的作品由对比鲜明的音乐块组成，之后，威尔第同瓦格纳一样，学习了过渡的艺术。文字无法形容《法斯塔夫》的舞台效果和戏剧结构，只能透过体验才能感知。虽然威尔第在其他一些歌剧中也展露过他的幽默细胞，然而此时距离他的第一部喜剧已有53年了。约翰爵士的最后一句话"全世界都是一个笑话"经常被认为是对威尔第人生态度的总结。

莫雷是《法斯塔夫》的首位扮演者

第
十
章 /

安魂曲

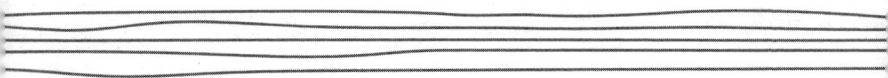

他晚年生活中的一束阳光。

——博伊托

《法斯塔夫》首演后，威尔第听说有人提议授予他布塞托侯爵的头衔，十分震惊，但他成功地说服了教育部长去阻止这件事。1894年他到巴黎制作《奥赛罗》的芭蕾舞剧版本，共和国总统邀请他到自己的包厢观看演出，并在观众的面前授予他大十字勋章，他只好接受。节日持续了好几天，威尔第代表意大利出席了纪念古诺的仪式，以及在爱丽舍宫举行的国宴，朱塞佩娜也被作为国宾邀请赴宴，这样的礼遇让他们备受感动。与此相反的是，意大利国王在罗马授予威尔第荣誉时，却疏忽了朱塞佩娜。威尔第对荣誉的态度前后不一致。1900年晚些时候，他拒绝了意大利国王授予他的最高勋章——科拉雷·戴尔·安农齐亚塔勋章，但接受了奥地利皇帝弗朗茨·约瑟夫颁发的类似勋章。或许他觉得在意大利他可以清楚地表达自己的观点，而在国外拒绝别人颁发的荣誉会造成大不敬。

　　威尔第在创作完《法斯塔夫》之后的几年里，投身于另一个项目。早在1889年他就在米兰郊外买了一块地，打算在那儿建一所医院和疗养院，但他忙于创作《法斯塔夫》，项目因此耽搁下来。威尔第和朱塞佩娜在热那亚过完冬天后，在1895年1月前往米兰去咨询建筑师、阿里戈·博伊托的哥哥卡米洛·博伊托先生。当时的计划是为100名退休的音乐家建造一座两层楼高的养老院。这些老年音乐家们退休后，没有养老金来养老。威尔第参与到工程的每一个阶段。例如：他认为不宜使用单人宿舍，而应该设置双人间，这样住客在有需要的时候可以互相帮助。他本打算把每个房间从中间隔断，以确保住客的绝对隐私，但装在房间上的两扇窗户价格很高，迫使他放弃这个想法。这座被他誉为"我最伟大的作品"的建筑始建于1896年，直到他死后才竣工。在他的遗嘱中，威尔第将他歌剧的版税以及他财产的一半捐给位于维拉诺瓦的一家医院、在热内亚和布塞托的多家慈善机构，另一半的财产和他的别墅留给他的养女玛丽亚。

威尔第下定决心不写回忆录，并直截了当地告诉询问的人："长期以来，音乐界一直在忍受我的音乐，现在我绝不折磨其来读我的散文。"博伊托试图劝他再创作一部歌剧，可以是《安东尼和克里奥帕特拉》（*Anthony and Cleopatra*）或是《李尔王》，他没有答应，但坚持每天写一点儿。他对马斯凯罗尼说："每个人都有他自己的命运，有的人一辈子活得像头驴，有的人难逃妻子的背叛。有的穷，有的富。至于我，就是一条把舌头放在嘴里的狗，注定要干到死。"

威尔第一向钦佩帕莱斯特里纳，因此，当博伊托请他推荐一位作曲家，并将以这位作曲家的名字命名一所拟议中的合唱学校时，他首推帕莱斯特里纳。1879
年，威尔第指责阿里瓦贝内，反对通过建立四重奏乐
团和管弦乐协会将意大利音乐"德国化"。在信的结
尾他写道："假如意大利同胞们组成一部声乐四重奏，
演奏帕莱斯特里纳和他同时代的马塞尔·奥斯等人的作
品，这难道不是'伟大的艺术'吗？那将是意大利艺
术。"当《米兰音乐杂志》的音乐版概述一种"神秘的
音阶"时，博伊托问威尔第，为什么不写一首《圣母
颂》，为万恶的伊阿古"信条"赎罪。威尔第反驳说，
伊阿古《信条》由博伊托本人所作，因此，应当由他为
《尼禄》（博伊托一直没有完成的歌剧）写四部《信条
真主安拉帕莱斯特里纳》来弥补。与此同时，在《奥赛
罗》和《法斯塔夫》间隔的那些年里，他还创作了一首
相当轻快的宗教歌曲，改编自但丁的《天堂》，他的背
景让人不禁想起了帕莱斯特里纳和16世纪的复调音乐。
此时，威尔第步入了他生命的最后几年，他又写了两首
新的宗教乐曲。一首是中世纪的拉丁诗歌，表现了站在

十字架下的马利亚的悲痛之情。音乐如泣如诉，捕捉到
了马利亚目睹儿子死亡时的悲痛之情。另一首是《十
诫》，它的文本可追溯到公元4—5世纪。在配乐前，威
尔第研究了其他作曲家的配曲。《感恩颂》历来是在庆
祝和加冕等特殊场合时用的赞美词，但威尔第认为赞美
词远不止这些。诚然，《十诫》没有《安魂曲》那么富
有戏剧性。庄严肃穆的《安魂曲》是所有圣歌中最令人
印象深刻的一部，它以女高音独唱结束："主啊，我信靠
你，我永远不会感到困惑。"

按照威尔第的设想，四首宗教乐曲互不关联。两首
较长的曲子用于合唱和管弦乐演奏，另外两首是供无伴
奏的合唱用。然而，在1898年四首宗教曲合在一起出
版，并且博伊托在未经威尔第同意的情况下，安排它们
在巴黎的圣周举行首演。现在《四首圣乐作品》通常作
为一个整体，虽然《赞美童真女马利亚》曾在首演中好
评如潮，但是现在《感恩颂》被誉为威尔第的代表作
之一。

威尔第虽已年纪老迈，但身体却出人意料地硬朗。直到1897年1月的一天早上，朱塞佩娜发现他躺在热那亚公寓的床上，一动也不动，不能开口说话。她和玛丽亚·卡拉拉商量是否要请医生，他颤颤巍巍地写了"失态"二字。在服用了一些药后，他恢复了健康，所以这件事只有少数人知道。同年7月，一个朋友在蒙特卡蒂尼见到了威尔第夫妇，写道：

> 她步履蹒跚，驼着背，整个人倚在他的胳膊上。相反，尽管他已有84岁的高龄（实际上是83岁），但精神很好。一头浓密的白发，加上胡子，令人肃然起敬。他的腰板很直，走起路来轻快有力，可以毫不费力地转身；他说话语速很快，记性好，可以记住发生的事情、具体时间和他人的名字，并能清楚地阐述他对艺术的看法。

回到圣阿加塔后不久，朱塞佩娜的支气管炎发作，卧床数周。后来虽然她的身体有所康复，但仍是咳嗽，

威尔第在圣阿加塔公园里追忆过去

不思饮食。就在夫妇二人准备动身去热那亚过冬的时候，朱塞佩娜又染上了肺炎，在床上躺了3天，但没有发烧，也没有任何的疼痛。威尔第送给她一枝花，她却因为自己闻不到花的香气而心生愧疚。1897年11月14日下午4点，在威尔第的陪伴下，朱塞佩娜与世长辞，享年82岁。按朱塞佩娜本人的意愿，葬礼办得简单而朴素，没有鲜花和音乐，地点设在布塞托。很多当地人和朋友前去悼念，包括特蕾莎·斯托尔茨和里科迪。

朱塞佩娜离世后，威尔第内心十分孤独和凄凉。在给一位友人的信中，他如此写道："当一个人在万分悲痛之中，他不需要宣泄自己的情感；相反，他需要痛定思痛，因为所有的外化都是一种肤浅的表现，是一种亵渎。"毫无疑问，朱塞佩娜是威尔第最佳的人生伴侣，她深爱着这个男人，欣赏他的艺术才华。她陪伴在他的左右，却从未试图操控或指导他。她有时会想办法，让威尔第提笔创作，尽管这意味着她会好几个月"失去"自己的丈夫。她能够忍受他压抑的情绪，可以很好地处理她与特蕾莎·斯托尔茨之间潜在的危机。朱塞佩娜一直是个虔诚的天主教徒，然而令她遗憾的是，威尔第从未正式地认同她所珍视的信仰，即使他准备在圣阿加塔建一座小教堂，还写了《安魂曲》和其他圣诗。最重要的是，朱塞佩娜接受了威尔第暴躁的性格，展示了自己与人为善、慈悲怜悯和乐善好施的性情，从而尽可能地中和他的坏脾气。她的遗嘱是这样结束的："此刻我们

威尔第和他的朋友1898年在温泉小城蒙特卡蒂尼，坐在他身边的是特蕾莎·斯托尔茨（朱利安·巴顿）

永别了，我的威尔第。我们既在此生合一，愿上帝让我们的灵魂在天堂再次相聚。"

因着朱塞佩娜的离世，威尔第十分悲伤，他的身体迅速衰残。他的视力逐渐衰退，双手颤抖，双腿无力。一段日子之后，他给马斯切罗尼写信说："我没有生病，但是我太老了！想想看，日子一天天的过去，可是每天什么都做不了！这很艰难。"对威尔第来说，做不了事的确是一件令他痛苦的事，因为他习惯在庄园做事来排解他抑郁的情绪。

米兰附近的"音乐家之家"

虽然死神带走了许多人的生命，但是威尔第的几个朋友，包括斯托尔茨、里科迪和博伊托，经常来看望他。他和律师多次协商，希望将"音乐家之家"办成一个慈善基金会。圣阿加塔变得越来越冷清，所以他更愿意待在米兰的格兰德酒店。他的女儿玛丽亚·卡拉拉在那里有一个房间，她经常过去住。朋友们几乎每天晚上都来陪他共进晚餐，他们聊天谈心，消磨时光。他的心脏病接连发作，虽不严重，却让他去不了巴黎参加《四首圣乐》的首演。法国的首演大获全胜后，《四首圣乐》在都灵举行了意大利的首演，由托斯卡尼尼担任指挥。

19世纪70年代，意大利政坛愈发混乱。总理弗朗西斯科·克里斯皮效仿英法两国，入侵埃塞俄比亚进入北非。政府的荒唐之举让威尔第郁闷不已。意大利深陷动荡不安之中，直到1900年7月，温厚的翁贝托国王被一名无政府主义者枪杀。事后，王后写了一篇祈祷文，并将它发表在报纸上。有人建议威尔第把它谱成曲子，但他以健康不佳和年事已高为由拒绝了。尽管如此，他还是写了几个音节，但仅此而已。随着维托里奥·埃马努埃莱三世登上王位，王室与温和的左翼党之间加强联络，开始了一段持续到一战的繁荣时期。意大利复兴运动的种子终于落地开花了。

年近87岁的威尔第，对所有的事都感到厌倦。"为什么我还活着？"因为他走不了多远，只好由人推着他在圣阿加塔公园转一转。12月，他又去了一次米兰的格兰德饭店，与玛丽亚、斯托尔茨、博伊托和里科迪一家共度圣诞节。特蕾莎·斯托尔茨写信给已是祖母的玛丽亚·瓦尔德曼：

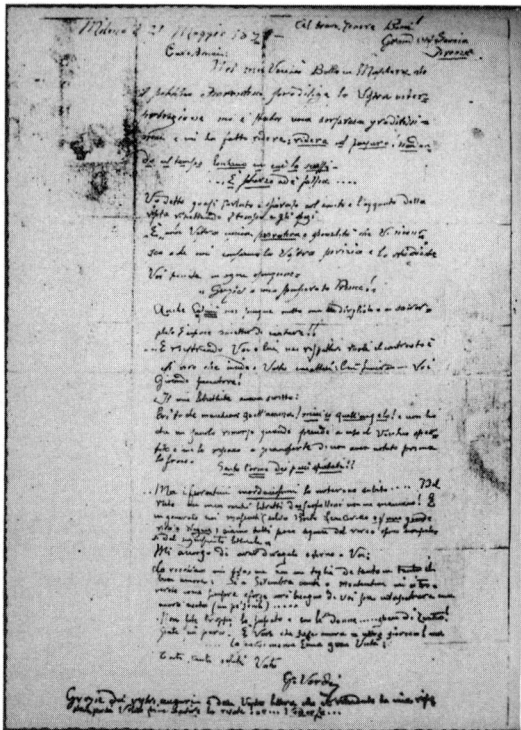

威尔第在1898年5月21日写给亚历山德罗·邦奇（1872—1942）的信。邦奇作为一个年轻的男高音，他在佛罗伦萨《假面舞会》的演出中扮演里卡尔多。他在演唱第一幕《佛利亚舞曲》时，在休止符部分引入的有节奏的笑声，被许多男高音模仿。在这封信中，威尔第说，这个"独特的创新"令他惊喜。"它让我情不自禁地笑了起来，把我带回我当初写这部歌剧的遥远时光中。"他告诉邦奇，"你的笑声让我看到你高超的歌唱技巧和你用心表演的态度。"所以，当二流的歌手"渐渐淡出"时，邦奇不会。威尔第接着指出，尽管他的剧本作者安东尼奥·索玛写了一些美妙的诗句，比如里卡尔多著名的咏叹调"你玷污了我的灵魂"，但每当他在钢琴上弹奏音乐时，他深感遗憾，因为他之前没有注意到的句子竟然让佛罗伦萨的观众哈哈大笑。"另一方面"，威尔第继续说，"原来的剧本里有很多的废话。总的来说，我们这些音乐家（除了博伊托、伦卡瓦洛和我的劲敌瓦格纳）都不太擅长创作诗句，不太严谨地对待文字的字面意义。"威尔第接着说："虽然岁月已经带走了我的很多时光，却不能剥夺我偶尔的幽默。"他建议邦奇9月份去蒙特卡蒂尼找他，用他特有的笑声去鼓舞他。这封信的结尾告诫邦奇不要追求女人，尤其是戏剧圈中的那些女人。做人要谦卑。的确，你还很年轻！但是……谦虚是一种伟大的美德！

虽然我们亲爱的威尔第大师已经87岁了，但他的身体还很硬朗：胃口很好，睡眠很好，还经常出去兜风。有时他走走路，但总抱怨说自己的腿没有力气，走不了远路。除此之外，他很享受目前的生活，喜欢有人做伴，喜欢每天晚上在寓所里与最亲密的朋友们聚会。稍后，在3月，他将去往热那亚。

然而，好景不长。1901年1月21日，威尔第坐在床上系雨衣的时候，突发中风，瘫倒在床上。之后，他又坚持了一段日子。期间，酒店蒙上了黑布，稻草被扔到

弥留之际的威尔第

大街上以降低马车行驶的声音。家里的好友和屋外的人群都在关注和等待他的消息。1901年1月27日上午3点，威尔第大师与世长辞。博伊托后来写信给一个朋友：

他死得很庄严，像个战士，可怕而沉默。在他死前一周，死亡的寂静笼罩着他……他的抵抗是英勇的。他用胸腔费力地呼吸了四天三夜。第四天晚上，他的呼吸声仍然充满了整个房间……可怜的大师，他是多么地勇敢和英俊，直到最后一刻！

我亲爱的朋友，在我的一生中，我所崇拜的人接连地离开我。悲伤的时刻远远多于顺心的时刻。但我从来没有像现在一样，如此地憎恨死亡，如此地蔑视这种神秘的、盲目的、愚蠢的、得意洋洋的却又怯懦的力量，是这位80多岁老人的离世激起了我的这些情感。

虽然一场盛大而公开的葬礼已经准备就绪，但得知逝者要求葬礼"必须非常低调，要么在黎明时分举行，要么在晚上举行，不能有音乐和歌声"时，人们马上改

参加威尔第第二次葬礼的送葬队伍（图片来自米兰《意大利画报》，朱利安·巴顿）

变了计划。他的棺材被抬上了灵车，送进了公墓，他将
长眠于朱塞佩娜的身边。葬礼在一个潮湿、雾气蒙蒙的
早晨举行，人们6点半钟就在轻声合唱"飞翔吧，让思
想乘着金色的翅膀"。

　　他的遗嘱要求他和朱塞佩娜要一起葬在"音乐家之
家"的祈祷室里，所以当那儿完工，棺材从公墓移出的
时候，又举行了一次葬礼。20万人站在米兰的街道两
旁，托斯卡尼尼在公墓门口指挥有800人的《纳布科》
合唱队，意大利皇室的王子们、政治家们和意大利各行

各业的重要人物与来自全国各地的代表一起走在棺木
后面。

威尔第的一生跌宕起伏，经历了巨大的变化。他的
音乐是意大利历史的一部分，更是人类历史的一部分，
因为他的音乐反映了人类最深但最质朴的情感。在他的
一生中，乃至他死后，成千上万的人在他的音乐中找
到了自己的影子，但是威尔第却在躲避那些想要见他的
人。以赛亚·伯林爵士写道：

在天才作曲家中，威尔第也许是最后一位持续地全
身心投入艺术创作，以实现自我价值的作曲家。他的作
品似乎把他隐藏了起来。他对任何好奇他内心生活的人
都持怀疑态度，彻底地把冷酷和客观融入他的音乐之
中，他就是这样一个将一切融于艺术的人。

威尔第（1899年）

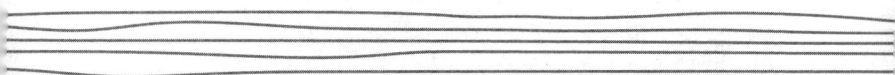

Bibliography

Bibliography

参考
文献

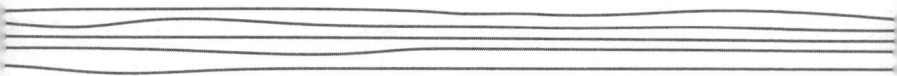

Abbiati, Franco（弗朗戈·阿比亚蒂）. *La vita e le opere di Giuseppe Verdi* 4 vols（《朱塞佩·威尔第的生平及作品（第四卷）》）.（Milan 1959）

Alberti, Annibale (Ed)（汉尼拔·阿尔贝蒂编）.*Verdi intimo, 1861—1886*（《威尔第不为人知的内心世界（1861—1886）》）. (Verona 1931)

Budden, Julian（朱利安·布登）.*The Operas of Verdi* Vol. I. *From Oberto to Rigoletto*（《威尔第歌剧作品集》第1卷：从《奥贝尔托》到《弄臣》）.（London 1973）Vols. II and III：see Acknowledgements（第2卷、第3卷，参看"致谢"）

Cenzato, Giovanni（乔凡尼·森扎托）. *Itinerari Verdiani*（《威尔第的一生》）. (Milan 1955)

Cesari, Gaetano and Luzio, Alessandro (Eds)（盖塔诺·凯撒里和亚历山大·卢齐奥编）. *I copialettere di Giuseppe Verdi*（《朱塞佩·威尔第书信集》）.(Milan 1913)

Crowest, Frederick（弗里德里克·克罗维斯特）. *Verdi, Man and Musician*（《音乐巨人威尔第》）.（London 1897）

Garibaldi, Luigi (Ed)（路易吉·皮斯蒂利编）.*Giuseppe Verdi nelle lettere di Emmanuele Muzio ad Antonio Barezz*（《朱塞佩·威尔第写给埃马努埃莱·穆齐奥和安东尼奥·巴列兹的书信》）.(Milan 1931)

Gatti,Carlo Verdi（卡洛·威尔第·加蒂）. *The Man and his Music*（《威尔第：其乐其人》）. Elizabeth Abbott trans（伊丽莎白·艾伯特译）.（London 1955）——［abridged version of *verdi* 2 Vols（《威尔第传（缩略版）》第二卷）.（Milan 1931）］；*Verdi nelle immagini*（《画像里的威尔第》）.（Milan 1941）

Ghislanzoni, Antonio（安东尼奥·吉斯兰佐尼）. *Storia*

di Milano dal 1836 al 1848 (《米兰历史（1836—1848）》).
(Milan 1882)

Hughes, Patric Cairns (Spike)（帕特里克・凯恩斯・休斯）. *Famous Verdi Operas*（《威尔第经典歌剧》）.
(London 1968)

Hussey, Dyneley（戴尼利・赫西）. *Verdi*（《威尔第传》）. (London 1941 rev. ed. 1973)

Lumley, Benjamin（本杰明・拉姆利）. *Reminiscences of the Opera*（《追忆歌剧》）. （《威尔第传》第二卷缩略版）(London 1864)

Luzio, Alessandro（亚历山德罗・卢齐奥）. *Carteggi Verdiani 4 vols*（《威尔第书信集（第四卷）》）. (Rome 1935—1947)

Martin, George（乔治・马丁）. *Verdi, His Music, Life and Times*（《威尔第的时代、人生和音乐》）. (London 1965)

Marchesi, Gustavo（古斯塔沃・马切西）. *Giuseppe*

Verdi（《朱塞佩·威尔第传》）. (Turin 1970)

Monaldi, Gino（吉诺·莫纳尔迪）. *Verdi 1839—1898*（《1839—1898年间的威尔第》）. (Turin 1926)

Osborne, Charles（查尔斯·奥斯本）. *The Complete Operas of Verdi*（《威尔第作品全集》）. (London 1969); *Letters of Giuseppe Verdi*（《朱塞佩·威尔第书信集》）. (London 1971)

Pizzi, Italo（伊塔罗·皮齐）. *Per il primo sentenario della na scita di Giuseppe Verdi*（《威尔第歌剧》）. (Turin 1913)

Pougin, Arthur（亚瑟·普金）. *Giuseppe Verdi: an anecdotic history of his life and works*（《朱塞佩·威尔第人生、作品轶事录》）. (trans. James Matthew, London 1887)

Rognoni, Luigi（路易吉·洛格罗尼）. *Rossini*（《罗西尼传》）.（Milan 1956）

Roncaglia, Gino（吉诺·罗恩卡利亚）. *L'ascensione creatrice di G. Verdi*（《登峰造极：威尔第的创作修养》）.

(Florence 1940. 2nd ed., 1951); *Giuseppe Verdi: L'ascensione dell' arte sua*（《威尔第的艺术造诣》）. (Naples, 1914)

Sheahan, Vincent（文森特·希恩）. *Orpheus at Eighty*（《垂暮之年的音乐大师威尔第》）. (London 1959)

Toye, Francis（弗朗西斯·托伊）. *Giuseppe Verdi,his life and works*（《朱塞佩·威尔第的音乐人生》）. (London 1931. Reissued 1962)

Visetti, Albert（阿尔伯特·维西迪）. *Verdi*（《威尔第传》）. (London 1905)

Walker, Frank（弗兰克·沃克）. *The Man Verdi*（《音乐巨人威尔第》）. (London 1962); *'Verdi', Grove's Dictionary of Music and Musicians,* Vol. VIII（《格罗夫音乐和音乐家辞典——威尔第（第八卷）》）. (London 1954)

Werfel, Franz and Stefan, Paul（弗朗茨·韦菲尔、保罗·斯特凡）. *Verdi, the man in his letters*（《书信中的威尔第》）. (Vienna 1926. English trans., New York 1942)

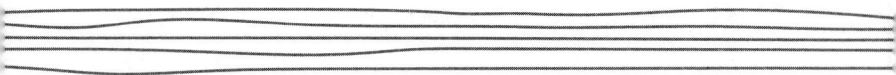